LES LÉGENDES
DE LA BRETAGNE
ET LE GÉNIE CELTIQUE

par

Édouard Schuré

— 1891 —

*

La Bretagne est de toutes nos provinces celle qui offre encore de nos jours la race la plus pure, les plus vieilles traditions, la physionomie la plus originale. Si la Provence est le pôle latin de la France, la Bretagne en est le pôle celtique. L'une lui a transmis le courant classique de la Grèce et de Rome ; l'autre lui a renvoyé le courant mystérieux, mais non moins puissant, qui jaillit de sa source primitive avec le reflux des races sœurs du nord-ouest de l'Europe. La Provence se souvient d'avoir été le royaume d'Arles, le pays de la langue d'oc et des troubadours contre les barbares du Nord. La Bretagne oublie moins encore qu'elle a été l'Armorique, le royaume de Breiz-Izel contre ces mêmes Franks, et qu'un de ses rois, Noménoé, poursuivit un empereur carolingien jusque sous les murs de Paris. Celtes, Latins et Franks, trois races, trois génies, trois mondes, si opposés qu'ils paraissent irréconciliables. Et pourtant le génie français n'es-til pas justement le résultat de leur harmonie ou de leur équilibre instable ? À toutes les époques de notre histoire, on les voit se battre, se mêler et s'unir sans jamais se confondre totalement. S'il me fallait caractériser d'un aperçu sommaire la trinité vivante qui constitue cet être moral qu'on appelle la nation française, je dirai que le génie franck, par la monarchie et la féodalité, en constitua l'ossature et le corps solide ; le génie latin, qui nous a si fortement imprimé son sceau et sa forme par la conquête romaine, par l'Église et par l'Université, y joue le rôle de l'intellect. Quant au génie celtique, c'est à la fois le sang qui coule dans ses veines, l'âme profonde qui agite son corps et sa conscience seconde, secrète inspiratrice de son intellect. C'est du tempérament et de l'âme celtiques de la France que viennent ses mouvements incalculables, ses soubresauts les plus terribles comme ses plus sublimes inspirations.

Mais, de même que la race celtique primitive eut deux branches essentielles dont les rejetons se retrouvent çà et là, les Gaëls et les Kymris, de même le génie celtique se montre à nous sous deux faces. L'une joviale et railleuse, celle qu'a vue César et qu'il définit par ces mots : « Les Gaulois sont changeants et amants des choses nouvelles. » C'est l'esprit gaulois proprement dit, léger, pénétrant et vif comme l'air, un peu grivois et moqueur, facilement superficiel. L'autre face est le génie Kymrique grave jusqu'à la lourdeur, sérieux jusqu'à la tristesse, tenace jusqu'à l'obstination, mais profond et passionné, gardant au fond de son cœur des trésors de fidélité et d'enthousiasme, souvent excessif et violent, mais doué de hautes facultés poétiques, d'un véritable don d'intuition et de prophétie. C'est ce côté de la nature celtique qui prédomine en Irlande, dans le pays de Galles et dans notre Armorique. On dirait que l'élite de la race s'est réfugiée dans ces pays sauvages, pour s'y défendre derrière ses forêts, ses montagnes et ses récifs et y veiller sur l'arche sainte des souvenirs contre des conquérants destructeurs. L'Angleterre saxonne et normande n'a pu s'assimiler l'Irlande celtique. La France gauloise et latine, a fini par s'attacher la Bretagne et même par l'aimer. L'importance de cette province est donc capitale, dans notre histoire. Elle représente pour nous le réservoir du génie celtique. Génie de résistance indomptable, d'exploration hardie. Noménoé, Du Guesclin, Duguay-Trouin, Lanoue, La Tour d'Auvergne, Moreau l'incarnent. C'est de Bretagne aussi que la France a reçu plus d'une fois les mots d'ordre de son orientation philosophique, religieuse ou poétique. Abailard, Descartes, Chateaubriand, Lamennais furent des Bretons. Mais ce n'est que dans notre siècle qu'on a compris le rôle le plus intime de la Bretagne dans notre histoire. En assistant à la résurrection de la poésie celtique, la France a en quelque sorte reconnu son âme ancienne, qui remontait pleine de rêve et d'infini d'un passé perdu. Elle s'est étonnée d'abord devant cette apparition étrange, aux yeux d'outre-mer, à la voix tour à tour rude et tendre, enflée de grandes colères ou frémissante de mélancolie suave, comme la harpe d'Ossian, comme le vieil Atlantique d'où elle venait. «Qui es-tu? — Jadis j'étais en toi, j'étais la meilleure partie de toi-même, mais tu m'as chassée, répond la pâle pro-phétesse. — En vérité ? je ne m'en souviens plus, dit l'autre, mais tu remues dans mon cœur des fibres inconnues et tu me fais revoir un monde oublié. Allons, parle, chante encore ! Peut-être m'apprendras-tu quelque secret de ma propre destinée... » Ainsi la France, se souvenant qu'elle fut la Gaule, s'est habituée à écouter la voix de la Bretagne et celle du vieux monde celtique.

Il y a une trentaine d'années, M. Ernest Renan résumait les belles publications de M. de la Villemarqué et de lady Charlotte Guest. Dans cet article, resté célèbre, sur la *Poésie des races celti-ques*, il définissait de sa plume d'or le génie de sa race. Négligeant peut-être un peu trop son côté mâle et ne s'attachant qu'à son côté féminin, il en distillait la fleur pour l'enfermer dans un fla-con ciselé. Ce beau travail, qui fut pour nombre de personnes une révélation, n'est pas à refaire. Le but que je me propose est différent. Un voyage rapide à travers la Basse-Bretagne a évo-qué devant moi quelques-unes des grandes lé-gendes où le génie celtique a trouvé sa plus forte expression. Plusieurs sont demeurées à l'état fruste dans la tradition populaire ; d'autres ont été détournées de leur sens primitif par les trouvères normands ou français et par les gens d'Église. Beaucoup de grands personnages communs à la tradition galloise, cambrienne et bretonne, par exemple Merlin l'Enchanteur, ont eu dans la poésie du moyen âge le même sort que cet illustre magicien. La fée Viviane, voulant le garder pour elle, l'entoura neuf fois d'une guirlande de fleurs en prononçant une formule magique qu'elle lui avait dérobée. Il s'endormit d'un profond sommeil et ne réveilla plus. Mais lorsqu'on touche le sol breton, les âges lointains et leurs créations revivent d'une singulière intensité, avec leur couleur sauvage ou mystique, et parfois leur sens profond, éternel, legs prophétique qu'ils ont fait aux âges futurs. Ajoutons que la poésie populaire, encore vivante en Basse-Bretagne, a été recueillie avec une scrupuleuse et pieuse exactitude par M. Luzel dans ses *Gwerziou* et ses *Soniou.* Ce sont comme les derniers soupirs de l'âme celtique qui se raconte elle-même dans son rêve[1].

Dans cette courte promenade à travers la Bretagne d'aujourd'hui, j'essaierai donc d'esquisser une histoire du génie celtique en ses périodes vitales, et de pénétrer dans son arcane à travers ses grandes légendes.

I
Le Morbihan ; Les Celtes d'avant l'histoire ; Bataille contre César

Pour entrer de plein pied dans le vieux monde celtique, il faut aborder la Bretagne par le midi. Le sombre Morbihan et l'âpre Finistère ont conservé quelque chose de leur physionomie ancienne. Sans doute les noires forêts, où des houx grands comme des chênes formaient des haies colossales, les marais où le buffle, le cerf et l'élan plongeaient leurs naseaux fumants, ont disparu. Mais les mêmes vagues enveloppent toujours les mêmes îles sauvages et les côtes déchiquetées à l'infini ; les innombrables dolmens, les menhirs dressent toujours leurs profils bizarres sur les landes ; les costumes des habitants rappellent encore un passé lointain ; et leur langue singulièrement primitive, à l'accent guttural et aux voyelles franches, aux consonnes sonores, tantôt rude comme un cri d'oiseau de mer, tantôt douce comme un gazouillis de fauvette, est la vieille langue celtique, presque la même qui retentit au port de Kaërnarvon, au pays de Galles et sur les flancs du Snowdon, la montagne sacrée des bardes. Entrons donc en Morbihan pour y trouver quelques souvenirs de l'enfance de cette race qui se perd dans la nuit des temps.

La Loire, riante à Blois, majestueuse à Tours, s'attriste aux ardoisières d'Angers, près du sombre château du roi René, d'où les Plantagenêts régnèrent si longtemps sur la France. Il semble qu'elle regrette ses berges boisées, ses châteaux somptueux paresseusement mirés dans ses eaux dormantes, séjours voluptueux de rois et de favorites. À Nantes, elle tourbillonne, furieuse, comme si elle se souvenait des noyades de Carrier. Bientôt elle se trouble, elle jaunit et se crispe à la houle des grosses marées. Adieu les doux méandres dans les molles contrées. Les rives s'écartent et s'aplatissent. Voici déjà les lourds navires de Saint-Nazaire qui reviennent des Antilles et du Mexique. Le bateau danse, secoué, par la lame. Déjà la Loire submergée n'est plus ; on roule sur l'océan. C'est ainsi qu'à l'embouchure du fleuve la France de la Renaissance et du moyen âge se perd peu à peu dans un autre monde, plus ancien et plus rude.

De Saint-Nazaire au Croizic, la côte et la race bretonne apparaissent. De larges plages blanches et fauves en sable fin, encadrées de rochers qui s'écroulent dans la mer en escaliers de géants. Des dunes, encore des dunes, où l'herbe maigre essaie en vain de pousser. Sur l'une d'elles s'élève en redoute le village de Bourg-de-Batz. Montons sur le clocher de l'église, une tour de soixante mètres, terminée en coupole, qui domine au loin le pays. Le soleil de juillet brûle les sables, et partout un vent froid souffle du large, chassant des brumes lumineuses sur la mer échevelée. La terre plate, pailletée de flaques d'eau carrées, continue la mer à perte de vue. Ce sont les monotones marais salants. Ce pays, conquis sur la mer, faisait jadis partie de l'archipel des Vénètes, que César vint battre ici avec sa flotte. La dune même qui porte le village de Bourg-de-Batz aurait été alors, selon la tradition, cette île où les prêtresses namnètes se livraient à des danses nocturnes qui épouvantaient les navigateurs, et d'où elles partaient mystérieusement dans leurs barques pour rejoindre leurs époux par les nuits de pleine lune. Le castrum romain a chassé les sorcières gauloises de leur retraite. Aujourd'hui l'église chrétienne s'y dresse hautaine et solitaire. Je remarque que le chœur en est singulièrement bâti. Au lieu de continuer en droite ligne la nef, il oblique à gauche. On sait que par cette structure, les architectes du moyen âge voulurent imiter la tête du Christ penchée sur la croix. Elle est plus fréquente en Bretagne qu'ailleurs et trahit certainement le goût inné de cette race pour le symbolisme et la piété attendrie qu'elle apporte dans son sentiment religieux.

Bourg-de-Batz était célèbre autrefois par ses costumes multicolores et ses mœurs originales. On ne se mariait qu'entre gens du bourg, et c'étaient les jeunes filles qui faisaient les demandes en mariage par l'intermédiaire du tailleur. Une ronde furieuse des femmes autour des feux de la Saint-Jean y rappelait encore les danses des prêtresses gauloises. Aujourd'hui, tout cela disparaît peu à peu devant la civilisation envahissante des stations balnéaires. Une vieille femme me montre pour quelques sous, dans sa maison, une collection d'affreuses figures de cire affublées de costumes de noce et me vend une chanson populaire imprimée. Musée, imprimerie, exploitation, voilà bien la fin des mœurs originales. Ici, comme dans le reste de la Bretagne, deux types parfaitement distincts me frappent dans la population, le type brun à pommettes saillantes, aux traits épais et forts ; le type blond, aux yeux bleus, aux traits énergiques et fins. L'un rappelle lointainement le type touranien, l'autre, le type aryen dans ce qu'il a de plus noble. Bien des races se sont mêlées sur ces côtes. Le type qui prédomine parmi les femmes est très pur : la figure allongée, le nez mince et droit ; de grands yeux tranquilles et chastes, le geste sobre, hiératique. À côté de ce type, j'en ai vu un autre, plus méridional, qui rappelle la charmante Velléda de Maindron: nez busqué, yeux hardis, taille mince et larges flancs avec la démarche onduleuse des cavales ; l'antique druidesse à côté de la madone.

La vraie Bretagne ne se révèle que plus loin, dans l'intérieur des terres, aux approches de Vannes. Un changement graduel se fait dans la physionomie du paysage. Aux champs cultivés succèdent de vastes pâturages semés de petits bois, comme en Normandie. Mais l'inégalité du terrain, ses mouvements brusques, son inquiétude constante annoncent le sol de la vieille Armorique. À chaque instant, le granit perce et se hérisse en pierres grisâtres. Et puis ondulent à perte de vue les collines recouvertes de bruyères violettes. Les landes maigres alternent avec les combes savoureuses. De distance en distance, des fissures s'ouvrent dans le grand plateau de granit qui forme la presqu'île armoricaine. Là, coulent profondément encaissées des rivières brunes. Elles serpentent mystérieusement entre les bois épais et les claires prairies et forment parfois des vallées charmantes. Les villages nichés sur ces collines ou dans ces plis de verdure se distinguent à peine des rochers ; car ils sont tous bâtis en granit gris. Grises aussi les églises, aux porches profonds, embroussaillés d'une végétation de pierre en gothique flamboyant. Les nefs sont souvent basses et humbles comme la dévotion de cette race fidèle à sa terre et à ses affections.

Mais la hauteur des clochers carrés, à flèches aiguës et ajourées, à quatre tourbillons qui règnent sur ces campagnes, semble attester que dans ces populations la pensée religieuse domine souverainement et tyranniquement toutes les autres. Une lande, un dolmen, un calvaire, un fin clocher, et la mer qui gronde au loin, c'est toute la Bretagne. Austérité chrétienne bâtie sur la sauvagerie celtique. Le pays tout entier a l'air de se souvenir et de prier. Vaste sanctuaire d'où la vie moderne est absente et qui s'immobilise dans la pensée de l'éternité.

C'est une vieille ville celtique que Vannes avec ses rues monstrueuses, ses maisons de granit et ses toits d'ardoise couverts d'une mousse jaune. On parle breton dans les rues. Les Vannetaises portent encore la grande cornette et le fichu bleu sur leur robe noire. Mais hâtons-nous vers le but. Dépassons Notre-Dame-d'Auray, la ville sainte des chouans, et acheminons-nous vers l'archipel du Morbihan, vers cette petite mer intérieure, qui, grâce à son isolement, à son labyrinthe de promontoires et d'îles, fut une des grandes citadelles et une des nécropoles des âges préhistoriques. Avant d'arriver à Karnac, la lande commence, aride, pierreuse, infinie. Des moutons noirs tondent le pré caillouteux. L'ajonc triste aux fleurs jaunes, l'ajonc noir dessine ses zigzags épineux au bord des routes. On est saisi de cette mélancolie du paysage breton si bien décrite par M. Renan. « Un vent froid plein de vagues et de tristesse s'élève et transporte l'âme vers d'autres pensées ; le sommet des arbres se dépouille et se tord; la bruyère étend au loin sa teinte uniforme; une mer presque toujours sombre forme à l'horizon un cercle d'éternels gémissements. »

À Karnac, l'église elle-même a un air d'insolite et sauvage vétusté. Son porche latéral est bâti avec des blocs de granit taillés en d'énormes menhirs et ressemble à l'entrée d'une caverne. La piété royaliste des habitants a élevé sur ce portail un baldaquin de pierre qui figure une couronne colossale. Elle rappelle plutôt un débris du monde antédiluvien. On dirait les défenses enchevêtrées de rennes ou de cerfs gigantesques, charriés au sommet d'un roc par un déluge, et l'on se croit transporté aux époques anciennes du globe. Non loin du bourg, s'élève une colline, un immense tumulus formé de pierres sèches amoncelées, sous lequel des fouilles ont fait découvrir des haches dites *celtae*, en pierre polie de jade, des ossements calcinés et des grains de collier. Une chapelle surmonte le vieux galgal, où l'on allume les feux de la Saint-Jean et où les femmes des marins viennent prier pour leurs maris. De cette hauteur, qui commande un vaste horizon, on domine le plus grand sanctuaire celtique du continent. Horizon de landes, de plages désolées, de bras de mer et de presqu'îles qui s'embrassent et s'enchevêtrent tristement. Le golfe du Morbihan, Belle-île, le promontoire de Quiberon se perdent dans la brume. L'œil est attiré, au premier plan, par des phalanges de pierres levées, semées en ligne droite et à distances égales dans les champs de bruyères. Ce sont les célèbres alignements de Karnac. Ils se divisent en trois groupes, celui du Ménec, celui de Kermario et celui de Kerlescan ; le premier de onze rangées, le second de dix, le troisième de treize, comprenant un total de 1 991 menhirs. Il y en avait le double autrefois ; on en a fait des églises, des maisons et des routes. Ils atteignent en moyenne une hauteur de dix à douze pieds. Vue d'en haut et de loin, cette armée de rocs ressemble à un jeu d'échecs disposé là par des géants. L'impression n'est guère plus saisissante lorsqu'on approche et qu'on arpente les champs entre leurs rangées monotones. À la longue seulement, l'étonnement et la curiosité se mêlent à la sorte d'ennui que cause la vue de ces pierres fameuses, d'une énigmatique et d'une insolente régularité. Leur nudité farouche défie l'investigateur. Elles ont l'air de dire : « Vous ne saurez pas qui nous sommes, mais vous ne nous ôterez pas de là. » Parcourez ensuite l'archipel du Morbihan, l'île aux Moines, l'île d'Arz, la presqu'île de Rhuys, et vous retrouverez partout ces pyramides informes, ces grands tumulus et ces tombelles qui font onduler la crête des collines ; allez voir la colossale table des Marchands coquettement posée sur trois rochers pointus comme pour jouer avec les lois de la pesanteur ; admirez le gigantesque menhir de Lokmariaquer, renversé par la foudre et brisé en quatre morceaux dont un seul mesure douze mètres ; songez que beaucoup de ces pierres ont dû être amenées là par mer, — car les géologues ont constaté que la plupart ne sont pas des roches du sol ; — pensez à tout cela, et vous vous demanderez quelles volontés opiniâtres, quels bras puissants ont taillé, transporté, dressé ces blocs énormes, ce qu'ils signifiaient pour ces hommes primitifs, quelle civilisation, quelle religion se rattachent à ces premiers monuments de notre sol.

Parlant de ces menhirs, Geoffroy de Monmouth, le chroniqueur des plus vieilles traditions celtiques, dit : «Ces pierres sont magiques. Des géants les apportèrent autrefois.» Mais quels géants? Peut-être ces Hyperboréens venus des régions boréales dont parlent les traditions grecques, premiers dompteurs du cheval et du chien, inventeurs des haches de silex, de la fronde et de l'arc, grands chasseurs d'aurochs, qui allaient devant eux, ivres de lumière et d'espace. Peut-être élevèrent-ils ces pierres en souvenir de leur victoire, comme un temple en l'honneur du soleil qu'ils adoraient. Peut-être leurs successeurs les Celtes se rassemblaient-ils ici, armée vivante et tumultueuse, au milieu de cette armée immobile de pierres, qui signifiait pour eux la présence symbolique des grands ancêtres. Peut-être est-ce dans ce lieu qu'avant de partir pour une de leurs expéditions ils élisaient le *brenn*, le chef, et l'élevaient sur leurs boucliers, à la lueur des éclairs, au roulement de la foudre, invoquant les dieux et les bravant du choc de leurs armes. Quoi qu'il en soit, les symboles primitifs sont par eux-mêmes un langage universel et compréhensible. La pierre dressée, le menhir, me semble le signe japhétique de la race blanche à sa formidable aurore. Audacieuse affirmation de l'homme indompté et son premier cri vers Dieu. Révolte et adoration, cette race porte dans son cœur les deux forces initiales de toute évolution, centrifuge et centripète, qui sont les deux forces initiales de toute évolution naturelle et historique. Le menhir en est le témoignage et voilà peut-être pourquoi il exerce cet inquiétant prestige sur l'imagination populaire et sur l'esprit des savants.

Avant de quitter le Morbihan, allons faire une visite à l'île de Gavrinis. Fouetté par la pluie et la grêle, j'ai traversé la lande de Lokmariaquer, sinistre comme celle de Macbeth. Maintenant une barque à voile m'emporte dans la petite mer intérieure où un brick norvégien dort à l'ancre au milieu du golfe. Le ventre des nuées basses rampe sur les côtes. Averse sur averse ; les rafales couchent la voile sur le flot. Nous louvoyons sous le grain. Pour égayer mon pêcheur maussade, j'entonne la belle chanson bretonne: «Il vente! il vente! c'est l'vent d'la mer qui vous tourmente ! » et voici, le soleil s'éclaircit. Nous voguons sur un grand lac bleu d'acier d'où émergent des îles brunes. Ce ne sont pas les blanches sirènes de la Méditerranée, mais des filles osseuses de la vieille Hertha, des Nornes noires ou de vieilles druidesses accoudées et couchées au bord de cette mer écartée. Elles ont vu tant de choses qu'elles regardent passer avec indifférence et nous plaignent d'avoir perdu l'antique, foi des ancêtres. Car rangées en grand cycle, ces îles ont fidèlement conservé, comme des colliers sur leurs seins, ou comme des casques sur leur tête, les tombeaux des ancêtres immémoriaux.

Nous voilà dans l'île de Gavrinis. Une allée montante, bordée d'une double haie d'ajoncs, conduit au sommet de cet îlot couronné par le plus beau tumulus de Bretagne. C'est une colline formée de pierres amoncelées à huit mètres de hauteur. On pénètre avec une chandelle dans un corridor maçonné en larges tables de granit. Cette allée couverte, ce long dolmen souterrain aboutit à une sorte de chambre mortuaire comme dans les tombeaux égyptiens. Elle est éclairée de côté par un orifice triangulaire. Les parois et le plafond sont grossièrement sculptés de rainures parallèles dont les circonvolutions forment des lignes bizarres, sorte de tatouage où l'on distingue des haches. Du haut de ce tumulus, la vue s'étend sur tout l'archipel du Morbihan. Il domine la mer à pic, comme à Saint-Malo la tombe de Chateaubriand. Elles sont sœurs, ces deux tombes bretonnes, solitaires fiancées du sauvage océan, bercées de son murmure infini.

Les tumulus étaient pour les Gaulois, les endroits sacrés par excellence. L'idée de l'immortalité de l'âme, si vivante chez eux, se rattache au culte des morts illustres. L'ancêtre, toujours présent par le tombeau, devient le protecteur de la race. De cet archipel partit la flotte des Vénètes qui alla combattre César, et peut-être défila-t-elle devant cet îlot pour recevoir la consécration des prêtres et des prêtresses groupés sur ce tumulus et entourés de toute une population de vieillards, de femmes et d'enfants. Ils étaient venus de loin pour voir partir les lourds navires, charpentés en chêne, hauts comme des tours de siège, chargés de tout leur espoir, où reluisaient les cottes de mailles, les casques et les javelots de leurs fils, de leurs maris et de leurs pères. Druides et druidesses, les bras étendus, avaient invoqué les ancêtres d'une longue clameur et jeté sur les navires une pluie de verveines, de primevères et de trèfles. — Hélas ! toute cette flotte ne devait pas revenir. Le terrible proconsul la coula à fond ; les sénateurs Vénètes moururent dans les tortures. Toute la population fut vendue à l'encan, sous la lance, et dispersée dans le monde. — Ainsi périt la noble nation des Vénètes. Mais la conscience de l'Armorique a survécu dans ce cri : *Me zo deuzar armoriq.* « Et moi aussi, je suis Breton ! »

II
La Bretagne païenne ; La Pointe du Raz , La ville d'Ys et la légende de Dahut

La Gaule asservie, latinisée, colonisée, le génie celtique se réfugia en Armorique. Pendant trois siècles, elle subit le joug des légions et du fisc romain, avec d'incessantes révoltes. Une partie de la population se réfugia en Grande-Bretagne, cet asile des druides et des bardes. Mais, au IVe siècle, Mériadek revint en Armorique et en chassa les Romains. Du VIe au IXe siècle, la Bretagne resta indépendante. Cette époque, appelée la période des rois dans l'histoire de notre province celtique, est remplie par des guerres intestines. Quelquefois un chef réunit tous les autres sous son autorité et réussit à délivrer le pays d'une invasion de Franks ou de Normands. Il prend alors le titre de *pen-tiern*, de *conan* ou de roi d'Armorique. Aussi les noms de Mériadek, de Gradlon, de Noménoé et d'Alain Barbe-Torte résument-ils l'histoire bretonne de ces temps. Époque héroïque, barbare et sauvage, où éclate le côté païen de l'esprit celtique.

Si le Morbihan est le sanctuaire d'un monde préhistorique, le Finistère, avec les prodigieux récifs et les baies profondes de la côte ouest, est le centre principal de cette Bretagne bretonnante, indépendante, et païenne. Il nous en reste une série de traditions qui plongent dans le fin fond du paganisme et une légende originale. Allons la chercher dans le cadre océanien où elle est née, à cette pointe du Raz, extrémité, du monde occidental, qui lance au beau milieu de l'Atlantique un dernier et formidable écueil dont la sauvagerie avait déjà frappé d'une terreur religieuse les voyageurs anciens.

Enfermé entre ses côtes comme dans une forteresse, le Finistère offre à l'intérieur les vallées les plus vertes, les coins les plus exquis de la Bretagne, comme les bords de l'Isole et de l'Ellé chantés par Brizeux. Quimper, avec son élégante cathédrale ouvrée à jour, est niché dans un frais bassin de collines boisées ; du haut du Mont-Frugy on voit l'Odet serpenter dans une mer de forêts mamelonnées. Cependant en Bretagne, le grand personnage, le Maître, le tyran de la terre et des hommes, c'est l'Océan. On devine partout sa présence, même quand on ne le voit pas. On le sent dans ces rivières, brunes et noires, où le reflux remonte quelquefois à dix lieues, où des goélettes sont attachées sur les quais ou couchées sur la vase comme des cormorans malades. On le sent dans l'arbre tordu et ployé par la tempête, dans le vent salé qui crispe la lande, dans l'oiseau de mer qui vient y chercher le brin d'herbe pour son nid. On le rencontre dans ces marins aux yeux francs et hardis, à la chemise rabattue, au col nu brûlé par le soleil, la fleur et l'orgueil du pays, qui se promène dans les villages de l'intérieur ; il revient sans cesse dans la conversation des vieilles accroupies au seuil des chaumes et des hommes assis sous les portes des petits cabarets, la pipe aux dents, le bonnet de laine sur l'oreille. On le retrouve, l'inévitable océan, jusque dans l'église où prient les femmes agenouillées. Car, suspendues à la voûte de la nef, en ex-voto, voici une foule de navires, aux flancs rouges et noirs, destinés à obtenir la protection de la Vierge, de l'Étoile de mer. Ne sont-ce pas les barques de l'Isis égyptienne ? Ah ! pour les yeux qui les regardent, que d'âmes ils ont menées dans l'autre monde, ces navires poudreux !

Il a son sourire aussi, le dieu terrible, et c'est dans la baie de Douarnenez qu'il faut aller le chercher. Une sirène, cette baie, lorsqu'on sort du port pour errer sur ses plages, où des sources claires filtrent des granits noirs, où les sveltes lavandières descendent sur les sables fauves ; une sirène dangereuse avec ses lointains fuyants, avec les lignes cadencées de ses anses et de ses caps, où, par les beaux soirs de pourpre et de safran, les ondes du large se brisent et chantent dans une coupe de saphir. C'est là que la tradition la plus accréditée place la ville d'Ys, la cité submergée. Mais avant de raconter son histoire, allons trouver l'Océan là où il règne, dans sa souveraineté absolue. On atteint la pointe du Raz, depuis Audierne, par l'intérieur des terres. D'abord quelques fonds de verdure et çà et là des bouquets d'arbres égaient encore la campagne. Mais à mesure qu'on monte sur le plateau, le paysage s'appauvrit et se dénude. Oh ! qui rendra la tristesse de ces rideaux de pins ébranchés par le vent qui profilent sur le ciel gris leurs maigres colonnades, et celle du clocher de Tugeau qui se dessine sur la mer dans une cassure de terrain, et l'air d'abandon des sémaphores où paît une chèvre misérable attachée à un poteau ? Après Lescoff, on ne voit plus que de loin en loin un moulin à vent ou une bergère assise avec un fuseau sous une haie d'ajoncs. Enfin, on aperçoit le grand phare qui occupe l'extrémité de la pointe du Raz. Un sourd mugissement qui vient d'en bas annonce la proximité de la mer et par saccades fait trembler tout le promontoire. Quelques pas encore, et brusquement, derrière le phare, l'Océan apparaît de trois côtés. D'un seul coup, il s'est emparé de l'horizon et vous écrase de son immensité circulaire. Ici la terre finit, rongée, engloutie par le flot tout-puissant. Derrière ce rocher pointu qu'on voit devant soi et qui forme le bout du cap, on sent le vide de l'espace. On se croit lancé par-dessus l'enveloppe liquide du globe sur un écueil, au milieu de l'Atlantique. Il n'y a plus que la mer et le ciel, et entre les deux des noirs sombres sur l'abîme.

Tristis usque ad mortem, c'est la première et la dernière impression de la pointe du Raz. Elle s'exprime dans ce proverbe breton : « Secourez-moi, grand Dieu, ma barque est si petite et la mer est si grande ! » et dans cet autre: «On ne peut rien contre la mer ni contre Dieu. » Un sentier étroit, vertigineux, grimpe autour du cap sauvagement découpé. Bientôt on aperçoit sous ses pieds ce qu'on appelle l'enfer de Plogoff. En travaillant un angle rentrant du roc, les vagues ont creusé une caverne et percé le promontoire de part en part. La rampe descend assez bas pour qu'à un point on voie un trou de lumière dans la caverne ; c'est son issue de l'autre côté du cap. À cet endroit, le granit est rouge ; sous l'eau, il est tapissé de lichens d'un blanc verdâtre et cadavéreux, ce qui donne à cette bouche de l'abîme quelque chose de particulièrement sinistre. Toujours les vagues y mènent une danse effrénée et s'y engouffrent avec de véritables détonations. Mais il faut s'asseoir à la pointe aiguë du cap, au tournant du sentier, pour goûter la beauté sauvage du panorama, qu'aucune vue océanienne ne surpasse en grandeur. On dirait qu'on se trouve sur le pic d'une montagne submergée dont la crête se prolonge sous l'eau et en ressort avec ses dents ébréchées. On plane sur un archipel d'îlots et de récifs. À vos pieds, sur un écueil, au ras du flot, c'est le phare de la Vieille. À deux lieues de là, cette mince ligne noire, qui le dirait ? c'est l'île de Sein, la célèbre île des neuf vierges prophétesses de l'Armorique ancienne. Entre les deux, c'est le Raz, où un courant formidable entraîne les navires et que « nul n'a passé sans mal ni frayeur », disent les Bretons. Cependant, il n'y a pas d'autre chemin pour doubler le cap. Car au-delà de l'île de Sein, une chaîne de récifs s'étend à huit milles. Le phare d'Armen la termine. Et, plus loin, vers l'île d'Ouessant, perdu comme une bouée dans la solitude désolée de l'Atlantique, c'est le phare des Pierres-Noires. À droite et à gauche, en arrière du cap, il y a sept lieues de côtes ; mais estompées par les brumes, mangées par l'eau, elles paraissent invraisemblables, irréelles. Et s'accentue cette sensation de pleine mer, de marée montante et d'engloutissement de la terre dans le grand Océan. Mais il est superbe, il se redresse tout blanc de vagues, les jours de grande tempête, le vieux cap, quand les montagnes liquides se précipitent à l'assaut sur son éperon de granit. Alors personne ne pourrait tenir sur ses pentes escarpées. Les rafales d'écume baissent le promontoire à trois cents pieds au-dessus de la mer. Dans l'enfer de Plogoff, ce sont des salves d'artillerie. Le roc est secoué comme par un tremblement de terre, et dans le mugissement des eaux, dans l'incessante trépidation du sol et de l'air, dans la convulsion de tous les éléments, on ne voit, on n'entend plus rien.

Je suis allé me promener une grande heure, par un beau soir, dans la baie des Trépassés. C'est une large plage de sable qui termine un vallon désert. L'Atlantique s'encadre ici entre la pointe du Raz et la pointe du Van. Ses larges lames bleues et transparentes déroulent leurs volutes nacrées sur la grève nue, avec une majestueuse monotonie. Les rayons obliques du soleil couchant jettent de l'or dans ces crinières d'Océanides. Et ce sont mille voix confondues dans un profond murmure, une polyphonie de rythmes et de mélodies dans une symphonie grandissante. La mer, — si désespérante là-haut, redevient ici l'enchanteresse caressante, la grande endormeuse de la souffrance humaine. Car sa musique parle des choses éternelles. Car l'âme, en se recueillant au fond d'elle-même, se dit qu'au milieu de ses naufrages et de ses abandons, il y a en elle aussi quelque chose qui ne meurt point et qui la relie à l'éternel. Ce lieu abandonné des humains, où la solitude de la terre se rencontre avec la solitude de l'océan, est, selon d'antiques légendes, le rendez-vous des âmes en peine. « Le peuple de ces côtes, dit le poète Claudien, entend les gémissements des ombres volant avec un léger bruit. Il voit passer les pâles fantômes des morts.» Selon Procope, les pêcheurs entendent heurter à leur porte à minuit. Ils se lèvent et trouvent sur la plage des barques vides qui se chargent d'hôtes invisibles. Poussés par une force inconnue, les pêcheurs prennent place au gouvernail. Le vent les emporte avec une rapidité étourdissante. Lorsqu'ils touchent à l'île de Bretagne, ils ne voient toujours personne. Mais ils entendent des voix qui appellent les passagers par leurs noms. Les barques s'allègent tout à coup ; les âmes sont parties. Selon la tradition chrétienne, encore vivante dans le peuple, la baie des Trépassés est le rendez-vous des âmes des naufragés. Le jour des Morts, on les voit courir sur la lame comme une écume blanchâtre et fugitive, et toute la baie se remplit de voix, d'appels, de chuchotements. Une touchante imagination populaire fait se rencontrer ici les âmes de ceux qui se sont suicidés par amour et perdus dans la mort. Une fois par an, ils ont le droit de se revoir. Le flux les réunit, le reflux les sépare, et ils s'arrachent l'un à l'autre avec de longs gémissements.

Mais la plus curieuse tradition de ces côtes est celle de la cité submergée. La légende de la ville d'Ys est l'écho de l'Armorique païenne du IVe et du Ve siècle. On y sent passer comme un ouragan la terreur des vieux cultes païens et celle de la passion des sens déchaînés dans la femme. À ces deux terreurs s'en mêle une troisième, c'est celle de l'Océan, qui joue dans ce drame le rôle de Némésis et du Destin. Le paganisme, la femme et l'Océan, ces trois désirs et ces trois peurs de l'homme, se combinent dans cette singulière tradition et finissent en une tempête d'épouvante.

Par une après-midi orageuse, je contournais avec un ami le haut des rochers qui s'échelonnent en promontoires, depuis la pointe de Brezelec jusqu'à celle du Van. Pas de côte plus féroce dans toute la Bretagne. La mer la déchiquette à l'infini. Là, ce sont de petits fjords, longs corridors où l'œil plonge d'en haut, à pic. Ailleurs, les rochers s'avancent comme des castels féodaux. De loin, la pointe du Van ressemble à une forteresse massive, où le lichen noir trace des stries verticales. Quand on approche, c'est un labyrinthe d'îlots enchevêtrés qui ressemblent à des animaux antédiluviens; mastodontes et mammouths gigantesques, couchés dans la mer. Les ravines, qui dévalent du haut de la lande, finissent en précipices, en gargouilles, en criques, où incessamment mugit, tourne, joue, travaille le flot. Ces ravines parfois ont leur flore, pâle flore rongée par la bise saline, fleurs jaunes d'ajoncs ou de genêts. Certains rochers qui descendent en entonnoir dans des criques mordues par la vague sont revêtus de petites fleurs blanches, étoilées. Rien de plus triste que ces fleurs tapissant l'abîme; on dirait la dernière illusion attirante et trompeuse au bord du fond amer et noir de la vie. Quelquefois, perdue dans la lande, une ferme isolée rappelle le doux *home* ; ou, debout en face de l'infinie désolation de la mer, une chapelle en ruines se dresse comme une pensée immuable fixée sur l'invisible. De fortes ondées, envoyées par un orage montant du large, nous forcèrent à nous réfugier dans une ferme, à côté d'un moulin à vent, dont les deux bras noirs, immobiles, ressemblaient à des faux monstrueuses. La porte de cette ferme était fabriquée avec la plaque en tôle provenant d'un steamer échoué, et la chaudière rouillée de ce même navire était couchée dans la cour. Le paysan, grave comme un chouan, nous fit asseoir près de la cheminée basse où grésillait un feu de lande. Les étincelles tourbillonnaient dans le foyer, et par les trous de la porte de fer, débris d'un naufrage, sifflait la tempête. De temps en temps, on entendait les grondements de la mer lointaine comme les coups d'un assaut répété. L'histoire du roi Gradlon et de sa fille m'était revenue à la vue de cette côte superbe et terrible. Je vais la dire telle que je la vis pendant cette heure, en regardant le feu et en écoutant la mer.

Dans cette partie de la Bretagne que nous nommons Finistère et que les Romains avaient nommée Corne de la Gaule, *cornu Galliae*, dont quelques-uns dérivent *Cornouailles*, régnait, au Ve siècle, le roi Gradhon. C'était un de ces chefs de clan, pirates et conquérants, qui, en prenant fait et cause pour les Bretons contre les Germains envahisseurs, devenaient quelques fois *conans* ou rois de tout le pays d'Armor. Jeune encore, il avait passé en Grande-Bretagne; il avait guerroyé chez les Cambriens contre les Saxons ; il avait poussé, jusque chez les Pictes et les Scots. De sa dernière expédition dans le Nord, il avait ramené un cheval noir et une femme rousse. Le cheval, qui s'appelait Morvark, était superbe et indomptable. Il ne se laissait monter que par la reine Malgven et par le roi Gradlon. Lorsque d'autres le touchaient seulement ; il se cabrait en frémissant ; sa crinière se hérissait toute droite sur son cou, et il fixait les gens de ses beaux noirs, presque humains, mais farouches, pendant qu'une flamme légère semblait sortir de ses naseaux, si bien qu'on reculait épouvanté. Non moins redoutable et belle était la reine du Nord, avec son diadème d'or, son corselet en mailles d'acier, d'où se dégageaient des bras d'une blancheur de neige, et les anneaux dorés de sa chevelure, qui retombaient sur son armure d'un bleu sombre, moins bleue et moins chatoyante que ses yeux. De quel exploit, de quel crime ou de quelle trahison cette proie splendide était-elle le prix ? Personne ne le sut jamais. On disait que Malgven était une magicienne, une Sène irlandaise ou une Saga scandinave qui avait fait périr son premier possesseur par le poison, pour suivre le chef armoricain. Triomphante, heureuse, elle régnait sur le cœur de Gradlon. Mais à peine celui-ci fut-il devenu roi de Cornouailles, que Malgven mourut subitement, ne laissant au roi qu'une fille née en mer pendant leurs aventures, et qui s'appelait Dahut.

À partir de ce moment, le roi tomba dans une tristesse noire. Il se plongea dans le vin et la débauche, mais sans parvenir à oublier Malgven. Cependant Dahut grandissait et ressemblait à sa mère. Seulement sa beauté avait quelque chose d'effrayant. Sa peau était plus blanche, sa chevelure d'un roux plus foncé. Son œil changeant comme la mer roulait des désirs plus immenses et lançait des éclairs plus prompts.

Elle seule avait le don d'égayer Gradlon. En la regardant, il croyait revoir Malgven. Quelquefois, la main enroulée dans les cheveux fauves de sa fille, ses yeux las, perdus dans les yeux étincelants de vie de Dahut, il lui disait : « Ah ! fille de mon beau péché, perle de mon noir chagrin, par toi seule je tiens à la vie ! » Elle lui souriait, dangereusement enjouée : mais dans ses yeux, son âme reculait en un rêve insaisissable et trouble. Elle prit sur son père un empire absolu. Toute petite, elle éprouvait pour l'Océan une singulière attraction. Sitôt qu'elle l'apercevait de loin, ses yeux, ses narines se dilataient. Elle en respirait les effluves et semblait vouloir se précipiter vers les plages. Afin d'être plus près de son élément préféré, elle persuada à Gradlon de faire construire une ville, au bord de la mer, dans une grande et magnifique baie qui regarde l'Océan, tout au bout de l'Armorique. Le roi y consentit. Des milliers d'esclaves furent employés à ce travail. On construisit une digue immense pour protéger la ville contre les flots, et derrière cette digue un bassin destiné à recevoir, les eaux de l'Océan dans les grandes marées. Une écluse était pratiquée dans la digue ; en l'ouvrant à la marée montante, on laissait entrer l'eau nécessaire au renflouement des barques. On la fermait à la marée haute pour ne la rouvrir qu'au reflux.

Alors le bassin se vidait et on péchait à foison sur la vase monstres marins et poissons.

Dahut fit construire pour elle et son père un palais magnifique, dominant la ville, sur un rocher, au bord de la mer. Quelquefois, quand le soleil couchant enflait la vague, les pêcheurs voyaient, de loin une forme blanche descendre sur la plage déserte, au pied du rocher couronné par les tours massives du château royal. C'était Dahut, qui voluptueusement se baignait dans cette crique sauvage et se livrait à de singulières incantations avec son élément favori. Après s'être longtemps jouée sur les vagues, comme une sirène, elle en sortait lentement, et toute nue, debout sur le sable fin, luisante comme la nacre, elle peignait ses longs cheveux roux en laissant ruisseler l'écume sur ses flancs et en chantant un chant sauvage. Un soir, le vent apporta ce refrain aux oreilles d'un pêcheur :

«Océan, bel Océan bleu, roule-moi sur le sable, roule-moi dans ton flot. Je suis ta fiancée, Océan, bel Océan bleu !

«Sur un beau navire, au milieu des vagues, ma mère m'a enfantée, au milieu des vagues vertes et transparentes. Quand j'étais petite, tu mugissais sous moi tu me berçais sur ton large dos et tu grondais, furieux. Mais quand je passais la main sur ta crinière, tu t'apaisais dans un murmure délicieux.

«Océan, bel Océan bleu, roule-moi sur le sable, roule-moi dans ton flot. Je suis ta fiancée, Océan, bel Océan bleu !

« Toi qui retournes comme tu veux les barques et les cœurs, donne-moi les beaux navires des naufragés, les navires pleins d'or et d'argent ; donne-moi tes poissons nacrés, tes perles d'opale; donne-moi surtout le cœur des hommes farouches et des pâles adolescents sur qui tombera mon regard. Car, sache-le, aucun de ces hommes ne se vantera de moi. Je te les rendrai tous et tu en feras ce que tu voudras. À toi seul j'appartiens tout entière !...

«Océan, bel Océan bleu, roule-moi sur le sable, roule-moi dans ton flot. Je suis ta fiancée, Océan, bel Océan bleu ! ...

Un jour, après avoir chanté ainsi, Dahut jette une bague dans les flots. Une lame vint mouiller ses pieds et l'enveloppa jusqu'à la taille.

La ville d'Ys prospéra et devint la plus riche de Cornouailles. Le vieux roi Gradlon vivait au fond du palais et ne sortait de sa mélancolie que pour se plonger dans l'ivresse. Sa fille Dahut gouvernait au gré de ses désirs. L'Océan jetait et brisait par centaines les navires sur ses côtes : on pillait les richesses ; les survivants du naufrage devenaient esclaves. Les pêches étaient miraculeuses. Le seul dieu adoré à la ville d'Ys était le dieu de Dahut, l'Océan. Tous les mois, on le célébrait par une cérémonie solennelle. Dahut, assise sur le rivage et entourée de la foule, trônait au milieu des bardes qui invoquaient le dieu terrible. Alors, on ouvrait l'écluse et le flot bouillonnant entrait. Lorsqu'on y jetait le filet, on en retirait des rivières de poissons. Pendant ce temps, Dahut distribuait à la foule ces coquillages roses qui passaient pour des talismans. En même temps, ses yeux parcouraient la foule et des pensées troubles y glissaient comme des vagues. Parfois ils se fixaient sur quelqu'un. Alors il semblait à cet homme que le crochet aigu d'un hameçon descendait dans son cœur et qu'une corde tendue par une main savante l'attirait doucement, mais sûrement, vers la fille du roi, qui le guettait. Bientôt il recevait un message de Dahut pour se rendre, la nuit, au château marin.

Ah ! ce château, on en contait merveilles et terreurs. Du dehors, c'était bien une forteresse de pirates, plantée là pour narguer la mer, mais au dedans, que se passait-il ? Personne n'avait jamais vu reparaître aucun des amants de Dahut. De temps à autre, seulement, les gens du pays voyaient un cavalier, monté sur un cheval noir, traverser la nuit les campagnes avec un sac qui retombait des deux côtés de la selle. Il gagnait au triple galop la pointe du Raz, au-delà de la baie des Trépassés ; il jetait sa charge dans le gouffre de Plogoff. Pendant ce temps, Dahut s'oubliait aux bras d'un nouvel amant. Au risque de chavirer, des pêcheurs curieux rôdaient autour du château des maléfices. De ses trous noirs sortaient des chants lascifs avec des huées et des lueurs d'orgie qui semblaient insulter à la colère du flot.

Malgré le mystère et la terreur dont s'enveloppait Dahut, le bruit de ses crimes avait percé dans le peuple. Sourdement, les parents et les amis des victimes s'étaient ligués : la révolte grandissait. Un soir, à la nuit tombante, la foule, armée de fourches, de piques et de pierres, se présenta à la porte du château en vociférant :

« Roi Gradlon, rends-nous nos parents, nos frères et nos fils, ou livre-nous ta fille. C'est Dahut que nous voulons ! »

Pendant ce temps, Dahut, étendue sur une couche moelleuse, entre des colonnes de jaspe et tentures de pourpre, se laissait aller à une langueur délicieuse, à une volupté toute nouvelle et presque attendrie. Une de ses mains jouait avec les cordes d'un luth dormant sur les coussins, l'autre errait, légère, dans les cheveux noirs et longs du page Sylven, agenouillé devant elle et qui la regardait éperdument.

— Sais-tu pourquoi je t'aime, toi ? lui disait-elle. Je n'ai peur de personne, car je sais que tous les hommes ont peur de moi. Je les hais tous quand ils m'ont tenue dans leurs bras. Pourquoi faut-il que je t'aime, toi, insensée que je suis ? Tu le sauras, écoute. Un jour, poussée par la curiosité, je voulus aller à Landévenec, au tombeau de saint Gwenolé, qui, disaiton, faisait des miracles. Mais au moment où j'entrais dans la crypte noire, ma lumière s'éteignit et, devant le sarcophage, j'aperçus un jeune homme tenant un flambeau. Il me regardait avec des yeux candides et farouches, comme tu me regardes en ce moment ; mais sa main menaçante me défendait d'approcher. J'eus peur et je sortis. Un vieux barde de mon père m'attendait. Je rentrai avec lui dans la crypte, après avoir allumé mon flambeau. Il n'y avait plus personne. Ma peur s'en augmenta et je demandai au barde ce qu'il pensait de ce signe. Il me dit : Si jamais tu rencontres quelqu'un qui ressemble à ce fantôme, détourne-toi de lui ; il te porterait malheur. En te voyant un jour, à la porte de mon père, ton flambeau à la main, je vis que tu ressemblais trait pour trait, au beau fantôme de la crypte. J'eus peur, je frissonnai... et voilà que je t'aime, en dépit du présage. Oui, je t'aime ! ne fût-ce que pour braver le saint ! Ils sont morts, les autres... tous ; mais toi, je veux que tu vives. Qu'on essaie de t'arracher d'ici !

Les deux bras de Dahut se fermèrent follement sur le corps de Sylven... Un craquement sinistre interrompit leurs baisers. On donnait l'assaut au château des maléfices et les gens du roi répondaient par une grêle de pierres.

— Entends-tu, dit Sylven, ces cris féroces ? Ils te réclament pour te déchirer. Viens t'enfuir avec moi au bout de l'Armorique !

— Attends encore, dit Dahut. Monte à la tour et dis-moi la couleur de l'Océan.

Sylven monta sur la tour et dit en revenant :

— Il est vert foncé, le ciel est tout noir.

— Tout va bien, dit Dahut ; laisse crier le peuple et verse-moi du vin dans ma coupe d'or.

Au bout d'un instant, elle le renvoya sur la tour et Sylven dit en revenant :

— Le ciel devient blafard, l'Océan est fauve et blanc d'écume. Il bouillonne du large. Il monte ! Il monte !

— Tant mieux ! s'écria Dahut avec un éclair dans ses yeux violets. Mon cœur se gonfle, il monte avec l'Océan ! Ah ! j'aime la tempête !

Comme un ramier palpite sous les griffes de l'épervier, Sylven frémissait délicieusement sous l'étreinte de la fille de Gradlon. À ce moment, il y eut un tel coup de bourrasque que la forteresse trembla. Sylven eut un sursaut :

— Vraiment, dit-il, ce soir, l'Océan me fait peur !

Dahut poussa un rire éclatant, et brandissant sa coupe d'or, elle en lança le contenu par la fenêtre :

— À la santé de l'Océan, mon vieil époux ! N'aie donc pas peur de lui. Il a beau rugir, ce n'est qu'un vieillard impuissant. Il écume de rage, mais je sais comment on le maîtrise. Je veux qu'il serve ma vengeance. Il ne t'aura pas comme les autres, l'Océan. C'est moi qui t'aurai, c'est moi qui te veux! Car c'est toi que j'aime, toi seul, entends-tu? Allons! pour la dernière fois, monte sur la tour et dis-moi ce que tu vois.

Quand Sylven revint, il était pâle comme cire.

— L'Océan, dit-il, est noir comme la poix. Il fait un bruit de mille chaînes. Ses vagues sont comme des montagnes avec des tours crénelées d'écume.

En même temps, on entendit à la porte du château un cliquetis d'armes et de pierres lancées, et, au milieu de cent malédictions, ce cri :

— Mort à Dahut !

— Ils l'ont voulu ! dit la fille de Gradlon. L'heure est venue ; je vais noyer la révolte avec la ville. Viens !

Sortie du château par une porte secrète, malgré le vent et les vagues, elle entraîna son page sur la digue.

— Tire la barre de l'écluse ! dit à Sylven la forcenée.

À peine eut-il tiré la barre que l'eau, brisant l'écluse, se précipita par l'ouverture. Une vague immense emporta l'amant de Dahut. Celle-ci poussa un cri sauvage. Il lui sembla qu'on lui arrachait l'âme du fond des entrailles. Prise d'épouvante, elle n'eut que le temps de s'enfuir auprès de son père.

— Vite ! ton cheval ! L'Océan rompt ses digues ! L'Océan me poursuit !

Le roi Gradlon se jeta sur son cheval, et sa fille en croupe derrière lui. Déjà les grandes ondes déferlaient sur les murs submergés de la ville d'Ys. L'étalon Morvark se mit à bondir sur les galets ; le flux courait derrière lui. Et, de loin, on entendait une voix terrible comme le meuglement de mille taureaux. Jaloux et furieux d'amour, l'Océan sauvage hurlait après sa fiancée.

— «Il me veut! sauve-moi de lui, mon père!» criait Dahut. Et le cheval se cabrait sur l'eau bouillonnante. Mais à chacun de ses bonds, une nouvelle lame lancée après lui éclaboussait la croupe du cheval et de la femme. Morvark galopait au pied d'immenses rochers. Déjà on ne voyait plus la plage ; toutes les criques écumaient, et les vagues bondissaient contre les falaises comme des licornes blanches. Dahut enlaçait son père toujours plus étroitement. Tout à coup une voix cria derrière lui :

—« Lâche le démon qui te tient ! »

Mais Dahut, les ongles crispés dans la chair du vieux roi, suppliait haletante :

— « Je suis ta fille ! Ne jette pas au gouffre la chair et le sang de ma mère... Emporte-moi, fuyons au bout du monde!»

À ce moment, Gradlon aperçut une forme pâle debout sur un rocher. C'était saint Gwénolé. Le cheval passa comme un éclair. Mais le roi entendit derrière lui la voix tonnante du saint le poursuivre d'un cri :

— «Malheur à toi!»

Enveloppé par la marée montante, Morvark avait grimpé sur un écueil. Le poil hérissé, le cheval regardait devant lui une chose terrible. À la lueur de la lune rouge, Gradlon vit le gouffre de Plogoff. La bouche d'enfer revomissait les vagues montres englouties avec les brisants. À chaque hoquet, elle rendait une forme humaine. Cadavre ou fantôme ? Gradlon reconnu les amants de sa fille. Ils jaillissaient du flot avec les gestes accusateurs, puis retombaient et semblaient appeler à la sarabande du gouffre la cruelle sirène, la femme vampire, — toujours désirée !

— « Sauve-moi ! » criait la fille de Gradlon, la tête cachée dans le manteau de son père.

Mais Gradlon, fasciné par la vue du gouffre, dit à sa fille :

— « Regarde ! »

Elle regarda... Alors les mains glacées de Dahut se détendirent, elle lâcha prise et roula dans les vagues qui se disputaient pour la saisir. Aussitôt l'Océan se calma. Il s'enfuit joyeux, emportant sa proie, avec le bruissement sourd d'un grand fleuve, et le murmure d'une cataracte lointaine. La plage était libre. En quelques bonds sauvages, le cheval gagna le haut du promontoire.

Inerte et brisé, le vieux roi se retira à Quimper. Saint Corentin le prêcha. Gradlon, par lassitude, se laissa convertir à la foi chrétienne. Mais l'eau du baptême ne put chasser sa mélancolie. Il s'assit sur la paille, au fond d'un donjon, toujours hanté par sa fille. Morvark, de son côté, baissait la tête tristement ou mordait ses gardiens. Quand Gradlon mourut, son cheval devint sauvage de chagrin ; il rompit tous ses liens et courut sur la lande. Aujourd'hui encore, en de certaines nuits, les paysans entendent trembler leur cabane au trot de son sabot. Et le jour, pourquoi court-il les plages blanches d'écume? Pourquoi le voit-on, en haut des falaises, flairant l'abîme et hennissant ? Que cherche-t-il, de ses yeux de feu, là-bas, sur l'océan couleur d'aigue-marine? Sans doute ce que cherchent les marins, les bardes et les vagabonds, la fée Dahut qui peigne ses cheveux d'or au milieu des vagues, sur un écueil, parmi les goémons jaunes et blancs. Quant au roi Gradlon, il a sa statue équestre au gable du grand portail de la cathédrale de Quimper, cette page flamboyante d'architecture héraldique. Les paysans kernévotes, qui le dimanche, avant la messe, stationnent sur la grande place, avec leurs larges braies et leurs chapeaux bretons, sont encore fiers de leur vieux roi, si haut perché à la pointe de l'ogive, montant son cheval de mer et de bataille.

Peut-être ont-ils le sentiment confus que ce cheval symbolise l'antique et libre Bretagne.

III
La Bretagne chrétienne, Saint Paul de Léon et la légende de Saint Patrice

Les églises bretonnes respirent une solennité unique. Petits clochers ou grandes cathédrales, leurs flèches fines règnent seules sur les vastes horizons de la lande et de la mer. Dans les moindres hameaux, blottis au fond des bois, dorment les petites chapelles aux cintres bas, aux clochetons d'ardoise, aux toits si vieux et si moussus qu'ils semblent sortir du fond de la mer. Et sous ces toits, dans la nef obscure, prient en files serrées des femmes en robes noires, aux coiffes blanches et flottantes comme des ailes d'oiseaux. Dans les grandes villes, les cathédrales se fleurissent de roses triples, elles ajoutent leurs clochers de galeries en trilobes. En général, le style gothique breton est simple, svelte et fort. La principale ornementation est réservée au portail. Souvent, à des églises toutes nues, on voit des porches surmontés d'une véritable forêt de pierre, aux troncs et aux feuillages entrelacés. C'est que par là entrent et sortent les enfants, les couples, les cercueils ; et le génie celtique épris de l'arbre, symbole de la vie, et de la pierre, symbole de l'éternité, recouvre d'une sombre tendresse ces âmes qui viennent et qui s'en vont.

Partout on sent que la vieille église est la maison commune des morts et des vivants, qui joint le passé au présent et à l'avenir. Dans cette dure et triste Bretagne, obsédée par la mer, image de l'infini matériel, qui enfante et dévore, gouffre de vie et de néant, le moindre clocher qui se dresse derrière un coteau évoque un autre infini, celui de l'âme où rien ne se perd, où tout se réalise et s'accomplit.

Ces pensées me poursuivaient par une claire après-midi d'été, pendant que j'approchais de la petite ville de Saint-Pol-de-Léon. Assise sur une éminence qui s'abaisse en pente douce vers une baie tranquille, dominée par les deux hautes aiguilles de la cathédrale et de la chapelle du Creizker, elle dort en plein jour d'un sommeil séculaire, enveloppée du sérieux et du silence qui tombe de ses deux églises. Des rues désertes; de beaux jardins derrière de grands murs; un air de presbytère et de couvent. Aux abords de la cathédrale, l'aspect moyenâgeux s'accentue. Des rues entières se composent d'anciens hôtels nobles bâtis en granit d'un gris noirâtre. Des cordonniers, des boulangers, des tisserands travaillent les fenêtres cintrées que surmontent de hautaines armoiries.

Le porche latéral par où l'on pénètre dans la cathédrale est d'une poésie légendaire qui vous transporte d'un seul coup aux âges de foi naïve. Un feuillage de granit protège le portail extérieur. Au fond du porche, contre la colonne qui divise en deux la porte intérieure ouvrant sur l'église se dresse un christ majestueux. Sa main gauche tient le globe du monde sa droite est levée dans l'attitude de l'enseignement. Les traits un peu massifs, mais pleins de noblesse, expriment la force et la douceur victorieuse. Dans son calme, ce Christ a vraiment l'air de porter l'univers dans sa main et de montrer la voie du ciel. Adossé au mur latéral, saint Pierre tient la clef ; en face de lui, saint Jean porte le calice. Les deux disciples se sont rangés avec une obédience respectueuse pour laisser passer le maître. La solidité avec laquelle ils tiennent la clef de la foi et le calice de l'amour prouve leur conviction inébranlable. La teinte bleuâtre du granit gris donne à ces trois figures, en qui se résume l'origine du christianisme, quelque chose de spectral et de supraterrestre. L'ogive de la porte s'encadre d'un véritable berceau de feuilles de chêne, de lis et de roses sculptés. On dirait que la nature transfigurée et amoureuse du ciel fait pousser cet arc de triomphe sur les pas du Rédempteur, qui vient apporter au monde la joie spirituelle et rendre à l'homme sa splendeur édénique.

Il y a dans cet ensemble une simplicité et une grandeur encore empreintes de la primitive et forte conception que le génie celtique se fit du christianisme. Sa vigueur et son harmonie n'ont rien de l'ascétisme chagrin, tourmenté, grimaçant et maladif, qu'on lui verra plus tard sous le poids de l'obscurantisme et de la tyrannie cléricale et qui trouve son expression dans une foule de calvaires. J'entrais dans la cathédrale. C'était le dimanche après vêpres. Déjà le brun crépuscule envahissait les svbeltes arceaux ; mais la nef abandonnée rayonnait sous la lumière merveilleuse de ses vitraux peints, où saignent des rouges cramoisis, où pleurent des violets foncés, où des blancheurs mystiques luisent dans l'azur suave et tendre. Je m'assis au fond du chœur, en face de la grande ogive qui représente la vie de Jésus en quatre tableaux: la nativité, la présentation à Siméon, la cène et la résurrection. Sous la première on lit : *natus est hodie salvator* ; sous la dernière : *surrexit sicut dixit*. Des couronnes d'anges se balancent dans les pleins cintres des verrières sur les têtes auréolées du Christ et de la Vierge. Au-dessus, l'ogive se constelle de fleurs brillantes comme de grands papillons, aux ailes diaprées, aux bigarrures étranges. Tout en haut, flamboie un triangle de feu, avec le nom IÈVÈ en lettres hébraïques; figure géométrique et nom sacré, qui, dans la doctrine des mystères, résument l'essence de la divinité, et que soutient la colombe blanche, aux ailes étendues, symbole de la substance divine et de l'éternel amour.

Devant le langage symbolique de ce vitrail, beau comme une vision, je me sentis enlevé dans une atmosphère de rêve et de légende. Je m'étais demandé souvent comment la Bretagne païenne et barbare était devenue la Bretagne chrétienne et mystique du moyen âge. Car l'histoire ne nous raconte que les faits extérieurs et non pas ces révolutions intimes qui changent la face d'un monde en changeant l'âme d'une race. Et voici que, par toutes ces verrières, il me sembla voir arriver les saints nombreux qui prêchèrent l'Évangile en Armorique du IVe au VIe siècle. Ils vinrent par mer, ces hommes qui portaient la croix rédemptrice. Seuls ou à plusieurs, ils s'établissaient au fond des plus sauvages forêts. Les animaux féroces des bois, loups, buffles, sangliers, les respectaient ; les populations tombaient sous le charme de leur douceur, de leur sainteté, de leurs prières. Leurs litanies entraînaient les enfants ; leur parole apaisait la colère des rois. Ces moines, ouvriers des bois, cultivaient la terre, cardaient la laine, enseignaient tous les métiers, en même temps qu'ils convertissaient les âmes. Aux cellules succédèrent les cloîtres, et des villes se fondèrent autour de ces cités monastiques qui devinrent ainsi les centres d'une religion, d'une poésie, d'une civilisation nouvelles. Et d'où venaient ces moines qui prêchaient le Christ en breton ? Des mers du nord, des couvents de Landaff, en pays gallois, d'Iona, dans les Hébrides, mais surtout de Clonfert, en Irlande. Tous ils nommaient la verte Erin, l'île vierge où jamais proconsul romain n'avait mis les pieds, comme une patrie spirituelle. Tous ils parlaient du fondateur de leur ordre comme d'un maître sublime et d'un inspiré. Saint Patrice, apôtre de l'Irlande, Gaulois d'origine, fut l'initiateur du monde celtique au christianisme. Je placerai ici sa légende parce qu'elle offre le type le plus achevé du saint celtique et qu'on y voit la rencontre directe du christianisme avec le druidisme. La victoire du premier ne fut pas une destruction du second, mais une régénération, et la religion nouvelle se greffa sur l'ancienne comme une rose d'Orient sur un églantier sauvage. Au lieu que, dans le monde germain, frank et saxon, la conversion s'opéra par des apôtres venus de Rome et tout imprégnés de la tradition gréco-latine, elle se fit spontanément chez les pures races celtiques de l'extrême Occident qui reçurent leur mission d'une inspiration toute personnelle. Le génie celtique pénétra ainsi d'emblée dans l'essence du christianisme. Il y était préparé par une aspiration innée vers l'invisible et aussi par cette tendresse profonde, par cette pitié pour les faibles et les souffrants qui surgit parfois comme une fleur exquise de ces cœurs violents et passionnés.

Patrice naquit à Boulogne-sur-Mer, *Bononia oceanensis*, vers 387. Il était fils d'un Breton engagé dans l'armée romaine et d'une belle Gauloise, que son père avait affranchie pour l'épouser. Quoique baptisé chrétien, le jeune Patrice, de sens vibrants et d'imagination ardente, mena pendant son adolescence la vie d'un épicurien et s'adonna avec la fougue d'un sang précoce aux mœurs dissolues de la petite colonie romaine où il fut élevé. Une nuit, Bononia fut surprise par les pirates, le camp et la ville saccagés. Toute la famille de Patrice périt dans le massacre. Lui-même fut traîné sur un vaisseau corsaire et vendu comme esclave, en Irlande, à un petit chef de l'Ulster. Il n'avait que dix-sept ans : « Je tombai » dit-il dans sa confession, exprimant d'un seul mot l'effondrement de sa vie. Il devint porcher chez son maître. Celui dont la pourpre romaine avait frôlé la peau délicate dut revêtir un sayon de poil de chèvre. Pour refuge, une caverne ; pour lit, la pierre nue ; pour couverture, des roseaux humides; pour chevet, un fagot d'écorces; pour nourriture, de l'avoine délayée dans de l'eau tiède. Le jour, il menait son troupeau à la

glandée ; la nuit, la gelée le glaçait jusqu'aux os :
« Je faillis mourir de froid, dit-il. Au milieu
d'êtres sauvages, je me sentis devenir ignorant,
grossier, le dernier des hommes. Je menais une
vie dans la mort.» — Pourtant, c'est au fond de
cet abîme qu'il devait découvrir son âme
meilleure. Comme une fleur céleste, cette âme
spirituelle, inconnue de lui-même, vint éclore sur
le néant de sa vie écrasée par le destin. Sous la
pression de la souffrance, il se mit à réfléchir à
l'inanité de son existence passée. Sa vie heureuse
s'était engloutie derrière les vagues du grand
Océan sauvage, avec les Dieux de Rome et de la
Grèce. Famille, patrie, liberté, il avait tout perdu.
Il ne lui restait plus un ami, plus une âme sur la
terre. Sa pensée se tourna vers Dieu et il se mit à
prier longuement. Une grande paix descendit
peu à peu dans son cœur.

Une nuit, pendant son sommeil, il entendit une
musique ravissante et lointaine. C'étaient des
sons mélodieux, de longs soupirs de cordes vi-
brantes d'une douceur éolienne et suave. Une
lueur fugace raya la voûte de la forêt, la caverne
s'éclaira doucement, et un jeune homme dont le
corps avait la blancheur de la neige rosie par le
soleil levant se pencha sur la couche de Patrice
avec la tendresse d'un frère :

— « Qui cela peut-il être ? pensa l'abandonné.

— On m'appelle l'Ange-Victoire, dit le visiteur nocturne. Je suis ton ami et je porte la consolation avec moi. »

Patrice s'aperçut alors que l'ange portait une harpe dans sa main. Après avoir enveloppé le pauvre pâtre d'un chaud regard, l'ange disparut dans la noire chênaie, laissant derrière lui un frémissement de feuilles et quelques sons d'une pureté céleste comme une traînée mélodieuse dans les airs.

Patrice se demanda en vain ce que voulait dire ce songe, mais depuis ce jour, il cessa de se sentir seul. Un miracle moral s'accomplit en lui; au milieu de sa solitude, il trouva la joie: «En faisant paître mon troupeau sur la montagne, je priais longtemps avant le jour. Que la neige couvrît la terre, que la pluie tombât, que la gelée glaçât mes membres, je ne ressentais aucun mal, aucune torpeur. L'esprit m'échauffait. J'entendais des esprits chanter au-dedans de moi[2]. » Souvent la mystérieuse apparition revint hanter son sommeil. Elle lui donnait des conseils, soit par des voix, soit par des images symboliques. Un jour, la voix lui dit : « Jusqu'à présent, tu n'as pleuré que sur toi-même ; quand tu pleureras sur les autres, tu verras le soleil de la vie éternelle. »

À quelque temps de là, il vit de pauvres bûcherons auxquels leurs maîtres n'avaient donné que des cognées sans trempe. Leurs bras étaient raidis, des lambeaux de chair tombaient de leurs mains écorchées. Ils pleuraient et disaient qu'ils aimeraient mieux mourir que de vivre d'une vie pareille. L'âme du jeune Patrice s'émut d'une immense pitié. Il résolut de convertir l'Irlande à la foi chrétienne et de l'affranchir de l'esclavage, si jamais il recouvrait sa liberté. Cependant, à mesure qu'il songeait à son entreprise, l'obstination des rois et la puissance des druides se dressaient devant lui comme une montagne. Il songeait que lui-même n'était qu'un misérable esclave et se décourageait. Un soir, il s'endormit près d'un grand feu, à côté des bûcherons qu'il avait soignés et consolés en leur parlant de son Dieu.

Il vit Satan, comme un géant sombre, qui roulait sur lui une énorme montagne noire pour l'écraser. Involontairement il songea au plus puissant des prophètes et cria : « Élie ! Élie ! » La montagne se dissipa comme une fumée, et, de l'horizon, il vit Jésus marcher vers lui. Sa figure était d'une blancheur éclatante et surnaturelle ; ses mains le bénissaient, sa face resplendissait, et de son cœur royal partit un rayon de feu qui frappa le cœur de Patrice et le remplit d'une félicité céleste. Quand Patrice s'éveilla, le feu s'était éteint ; les bûcherons étaient partis ; le soleil levant perçait la forêt humide de rosée et ses premiers rayons doraient les fougères inclinées. Une grande certitude que rien dans la suite ne put lui enlever, inonda son âme comme un torrent de lumière. Il se leva et dit :

— « Enfin, je l'ai vu de mes yeux ; je l'ai reçu dans mon cœur ; c'est lui ; le Christ vient à mon aide ! Maintenant, je suis libre, et je rendrai libres mes frères ! »

Une nuit, il rêve d'un navire que le vent pousse sur la côte d'Irlande. En même temps, une voix lui crie à plusieurs reprises :

— « Retourne dans ton pays, ton navire va mettre à la voile!»

Il se lève en sursaut et s'enfuit à travers champs. Enfin, il aperçoit la mer, et, tout près du rivage, le navire sauveur qu'il avait vu en songe appareillait. C'étaient des marchands faisant voile pour la Bretagne. Patrice les supplie de l'emmener. Ils refusent d'abord durement, puis étonnés, touchés de sa confiance, le rappellent et le font monter à bord. Cette évasion subite, à laquelle Patrice se sentit poussé par une force irrésistible, lui valut la liberté après une série de nouvelles aventures. Repris par des pirates, il fut revendu en Gaule. Des amis le reconnurent et le rachetèrent. Il se retira alors au monastère de Lérins pour se préparer à son apostolat. Car les douleurs des enfants d'Érin étaient restées au fond de son cœur et « l'émeraude des mers » le rappelait.

Saint Patrice mit trente ans à convertir l'Irlande. Il le fit sans avoir besoin du martyre, par la persuasion de sa parole et le rayonnement de sa foi. La Légende résume ces événements en une série de fresques, où le saint nimbé d'or traverse victorieusement la sombreur des forêts druidiques. Les épisodes réels alternent avec les récits symboliques où la vieille poésie païenne et le mysticisme chrétien, où le naïf et le grandiose se mêlent familièrement. On voit d'abord l'apôtre parcourir le pays sur un char attelé de deux buffles blancs et prêcher les foules. Les brigands, les enfants, les femmes, les petits chefs accourent et l'écoutent. Un jour, il rencontre les deux filles du roi Laégaïr qui lavent leur robe de noce au bord de la fontaine ; il les convertit en leur parlant de Dieu. Mais c'est en attaquant le druidisme à son centre que Patrice frappa le grand coup. Au-dessus de la plaine de Tara, s'élevait le palais du roi Laégaïr, chef suprême de l'Irlande. Tous les trois ans, à l'équinoxe du printemps, on construisait sur la terrasse de ce palais un grand bûcher couronné de fleurs. Le roi d'Irlande et cinq autres rois tributaires, avec leurs druides, leurs bardes et leurs juges, se réunissaient autour du bûcher sacré. À minuit, le grand druide y mettait le feu après avoir invoqué le soleil, la lune et tous les dieux. Quand la flamme montait dans le ciel, les chefs assemblés en neuf cercles dans la plaine avec leurs chars de guerre, leurs chevaux et leurs armées poussaient une immense acclamation ; les feux éteints se rallumaient dans toute l'Irlande, et l'année celtique commençait. Or, en l'année fatidique, le grand druide allait mettre le feu au bûcher quand le roi vit briller une petite lumière blanche, sur le champ où l'on enterrait les esclaves. Le roi demanda au druide ce qu'était cette lumière sacrilège.

— « C'est celle de l'homme fatal au bâton recourbé dont nous t'avons prédit l'arrivée, dit le druide Dubtak. Ne le laisse point venir ici; autrement, il nous dominera tous et te dominera toi-même. »

Le roi, de plus en plus courroucé, fit amener Patrice de force. Il parut un cierge à la main, suivi de ses disciples qui portaient des flambeaux allumés, et répondit aux menaces du roi :

— « Ton bûcher est celui de l'idolâtrie et de la haine. Mais nous, chrétiens, adorateurs du vrai Dieu, nous portons des torches de cire d'une suave odeur, en cette nuit où ressuscita notre Seigneur Jésus-Christ. Nous veillons en l'honneur de la fleur de Jessé, à la lueur des torches formées du suc des fleurs. La cire n'est point la sueur que le feu fait couler du pin ; elle n'est point le produit des larmes que la cognée fait verser au cèdre ; c'est une création pleine de mystère et de virginité qui se transforme en devenant blanche comme la neige. Nos âmes sont comme nos flambeaux et nos flambeaux sont les présages du soleil éternel. Nous les purifions et nous veillons pour ressusciter un jour avec le Seigneur de joie !

— Pourquoi es-tu venu dans mon royaume ? dit Laégaïr fasciné et troublé malgré lui.

—J'en atteste Dieu et les anges, je n'ai eu d'autre but que de prêcher l'Évangile et ses promesses divines, en venant dans le pays où j'ai été esclave. Qui m'y a forcé ? N'est-ce point par amour, n'est-ce point par pitié pour cette nation que je travaille ? »

La moitié des chefs prit parti pour Patrice ; mais le roi le fit jeter en prison. Cependant, quand il voulut le faire brûler, Brigitte, la fille du druide Dubtak, qui avait l'habitude de suivre son père dans les festins en jouant de la harpe et en chantant les vieux héros, s'avança devant le bûcher qui allait consumer Patrice et dit :

— « Écoutez-moi. Je connais *l'herbe de joie* (la verveine) qui produit l'union des cœurs ; je connais *la fleur d'or* (le sélage), qui ouvre les yeux et l'esprit sur l'avenir ; mais cet homme possède une fleur mystérieuse qui sauve de la mort ; il connaît *l'herbe de la vie éternelle*. Si vous le brûlez, qu'on me brûle avec lui ; car j'ai vu son dieu crucifié; il m'a terrassée de sa douleur ; il m'a foudroyée de sa gloire ! »

La prophétesse celtique était devenue la voyante du Christ, et l'âme frémissante de tout un peuple la suivait. Mais le roi Laégaïr ne se donna pas pour battu. Il dit au druide Dubtak :

— « Permettras-tu que ce magicien séduise l'âme de nos filles ? Va lutter avec lui la montagne des aigles et que nos dieux le terrassent. »

Le druide et le saint gravirent la montagne appelée *Frontière des héros* où des aigles gardent les tombeaux des géants. Au geste de Dubtak, une nuée d'aigles se mit à tournoyer autour de Patrice avec des cris sauvages comme pour le déchirer. Mais ils ne purent l'approcher. Alors le ciel s'obscurcit ; le tonnerre gronda ; les pierres sacrées de la montagne tremblèrent, et dans les brèches de la tempête apparurent les faces livides des héros d'autrefois. Leurs fantômes semblaient irrités, leurs yeux farouches. Ils brandissaient des lances, des harpes et des boucliers dans un long frisson de colère ; et ces figures menaçantes paraissaient et disparaissaient comme de blêmes éclairs.

— « Si vous le pouvez, dit Dubtak, chassez l'homme funeste. »

Mais Patrice étendit la main; cinq rayons en sortirent. Fantômes, nuages et tempête se dissipèrent pour faire place au ciel étoilé d'une chaude nuit d'été. Un parfum de roseraies s'échappa de la montagne et un vol de colombes blanches passa. Du fin fond du firmament une étoile s'approcha brillante comme un soleil.

«Est-ce le monde splendide habité par ton dieu? dit le druide.

— C'est le trône d'où il est descendu, dit Patrice. C'est l'étoile des mages qui entraîne le monde. Elle a montré l'enfant divin aux sages d'Orient et d'Occident. Par son rayon d'amour le Verbe divin est descendu sur la terre ; par ce même rayon tu peux remonter jusqu'à lui. Regarde ! et tu le verras transfiguré dans sa gloire. »

Le druide voulut regarder l'étoile, mais elle était devenue si fulgurante qu'il ne put en soutenir l'éclat. Il dit, baissant la tête :

— « Mes esprits m'abandonnent. Cette lumière qui vient des profondeurs du ciel les abat. Elle vient du troisième cercle, du cercle de la Liberté, de la Félicité et de la Vie ; et victorieuse elle traverse le cercle de la Nécessité, de la Douleur et du Trépas. Ton dieu est plus fort que les nôtres puisqu'il sait descendre du ciel sur la terre et remonter de la terre au ciel.

— Alors reçois le baptême, dit Patrice.

— Arrête, dit le vieillard. Où finiront les héros, mes ancêtres? Où iront demeurer Finn et le grand Ossian ?

— En enfer.

— Et ton dieu ne peut les sauver ? — Non.

— Alors je ne veux pas de ton Dieu ! Mon âme est forte dans mes amis. Où qu'ils soient, je vais rejoindre ceux que j'aime. Mais sache-le, si ton dieu était en enfer, mes héros sauraient l'en tirer ! »

À son tour, Patrice baissa la tête, et Dubtak le quitta. Personne ne le revit. Il dort sur la montagne des aigles, sous les pierres sacrées couvertes de mousse.

Ainsi disparurent les derniers fidèles du druidisme. Mais les bardes convertis, respectés et protégés par Patrice, survécurent avec leurs privilèges et leurs traditions. Après sa mort, ils amplifièrent la partie la plus légendaire de son histoire, ses navigations merveilleuses, ses missions aux

Hébrides, en Islande, sur un vaisseau magique, qui glisse aussi rapide, que la barque d'Ulysse sur l'onde tranquille, enfin sa descente au purgatoire qui servit de cadre à Dante, pour sa *Divine comédie*. Dans ces récits étranges, l'esprit d'aventure du génie celtique se manifeste avec sa puissance de rêve. La vision fugace des mers polaires et des tropiques: cathédrales de glace et rives aux herbes gigantesques pleines d'oiseaux d'azur et de feu, se combine avec des visions du pays des âmes : îles d'ombres gémissantes, monastères flottants dont les cloches attirent les marins et versent l'oubli, îles bienheureuses aux pommes d'or, où de beaux jeunes gens et de belles jeunes filles, se tenant par la main, forment des chœurs de joie sous une aurore éternelle. Ces voyages sont une sorte de glissement insensible vers l'Au-delà, à travers les mirages et les prodiges de l'immense Atlantique. Sans qu'on s'en doute, les voiles de la matière allégée se déchirent, la nature spiritualisée devient transparente, les mers laissent voir leurs profondeurs cristallines, et les espaces stellaires ouvrent aux âmes les routes sinueuses de l'infini.

Cependant, disent les légendaires, Brigitte, la fille inspirée du barde Dubtak, devint une sainte. Elle fonda un couvent pour les femmes esclaves qu'elle avait affranchies et consacra au Seigneur sa harpe, sa voix et son cœur. Dans un hymne d'elle qu'on a conservé, elle disait :

— « Je voudrais de grandes coupes de charité pour les distribuer ; je voudrais des caves pleines de grâces pour mes compagnons. »

Un jour, Brigitte vit venir à elle Patrice blanchi par l'âge.

— « Voici, dit le saint, j'ai converti toute l'Irlande et je suis devenu vieux. Mes membres s'engourdissent, mes yeux commencent à s'obscurcir. Prends ta harpe, Brigitte, pour qu'à tes chants, je retrouve un rayon de lumière, avant de trouver le soleil qui ne s'éteint pas. »

Brigitte répondit :

— « Assez longtemps j'ai chanté. J'ai affranchi des milliers de sœurs, mais ma harpe ne me console plus. Mon âme, est triste ; car tu as condamné mon père Dubtak et les vieux héros qui dorment sous les pierres sacrées aux limbes éternels. »

Patrice sourit tristement et dit :

— « Le temps est venu ; je m'en vais vers eux. Adieu, ma fille!»

Quand Brigitte leva la tête, le saint avait disparu. Alors elle se mit à pleurer et dit :

— « Pourquoi lui ai-je refusé son désir ? Pourquoi n'ai-je pas su consoler à sa dernière heure celui qui m'a consolée? Car je sens que je ne le verrai plus. Nous avons donné notre vie pour les autres, et tous deux nous mourrons seuls ! J'ai soif des plages où il n'y aura point de séparation, où les cœurs comprendront les cœurs, où les regards saturés de lumière assouviront les regards ! »

Patrice disparut sans trace dans une des îles où il avait coutume de se retirer. Comme celui du grand druide, son tombeau demeura inconnu. À quelque temps de là, Brigitte fit un rêve. Elle vit saint Patrice assis à côté de son père Dubtak dans une barque légère comme l'arc de Diane. Ossian et Finn et beaucoup de vieux héros les entouraient. L'Ange-Victoire, avec sa harpe, se tenait debout à la poupe comme un pilote, et la barque étendait ses ailes gonflées de désir et de mélodie comme un grand oiseau de mer. Peu à peu, les flots d'azur qu'elle fendait se changèrent en bandes de vapeurs, et doucement soulevée, la nef des âmes montait dans le firmament. Elle montait vers l'étoile des mages, vers le soleil du Christ qui grandissait au-dessus du zodiaque, dans le signe de la Vierge. — Après cette vision radieuse, Brigitte mourut consolée.

IV
La Bretagne chevaleresque ;
La forêt de Brocéliande et la légende de
Merlin l'Enchanteur

C'était aux environs de Ploërmel. J'avais marché tout le jour par des chemins creux, des montagnes, des bois, des landes. Le soleil d'après-midi plombait de tous ses feux sur le désert des verdures sauvages, lorsque, dans une vapeur violette, je vis poindre le clocher de Concoret. Ce vaste amphithéâtre couronné de bois sombres, c'était le val des fées, le val sans retour, comme l'ont appelé les trouvères. J'étais enfin dans l'antique forêt de Brocéliande, vieux sanctuaire celtique, dont le nom, *Koat-brec'-hel-léan*, signifie *Forêt de la puissance druidique*, contrée immortalisée par la poésie chevaleresque du moyen âge. Et devant moi, cette fontaine, près de laquelle on voit deux pierres couvertes de mousse, que domine une vieille croix de bois vermoulue, c'était la fontaine de Baranton et le tombeau de Merlin. C'est là que, selon la tradition bretonne, le barde-devin fut endormi par la fée Viviane et qu'un magique sommeil ferma pour toujours les paupières du grand enchanteur. Que de pèlerins sont venus ici, attirés par le mystère troublant de cette légende, par ce personnage fuyant, énigmatique !

Mais ni le susurrement ironique de la source, ni le balancement des genêts en fleurs, ni la forme bizarre des pierres brutes ne leur ont rien appris sur l'Orphée celtique. Le prophète des Bretons est resté le sphinx des bardes, et la forêt de Brocéliande a gardé son secret. Le plus vieux des trouvères, Robert Wace, le dit avec un sourire fâché: «Fol y allai, fol m'en revins. »

Je m'en allais comme Robert Wace, quand j'aperçus, appuyée contre un rocher dont elle semblait faire partie, une bergerette de quinze à seize ans, vêtue de loques, le teint hâve, les cheveux noirs pendants. La tête penchée, elle tenait sa quenouille suspendue à son fuseau, et filait, filait, pendant que sa chèvre broutait une touffe d'ajoncs. Je lui demandai mon chemin. Elle me jeta de côté plusieurs regards timides et farouches de ses yeux d'un bleu verdâtre, puis, de son fuseau, m'indiqua la direction. Elle ne parlait pas le français, mais elle m'avait compris. — « Est-ce là-bas la fontaine des fées ? » dis-je en désignant la fontaine de Barenton. Elle me répondit : *Homman nequet an hini guir.* Les deux ou trois mots de breton que j'avais appris en voyage ne me suffisaient pas pour comprendre ; mais je crus deviner à son hochement de tête que cela signifiait : ceci n'est pas la vraie. Et voyant qu'elle se mettait en marche, je compris qu'elle voulait me conduire à une autre source qui, selon elle, avait des vertus plus efficaces. Je la suivis longtemps par des chemins pierreux. D'une main, elle traînait sa chèvre, de l'autre, elle brandissait son fuseau échevelé comme une arme, courant et sautant pieds nus sur les roches. Mais elle ne se déridait pas. Toujours grave, avec ses regards obliques couleur de mer et couleur de forêt, elle restait la sauvage et mélancolique fille de la lande, défiante de l'étranger. Enfin, nous entrâmes sous une épaisse chênaie pour déboucher sur une combe de verdure ensoleillée. Elle chatoyait comme une émeraude entre les bois sombres. Dans le fond, au bout de la pelouse, se cachait un bas-manoir breton d'un seul étage, à volets verts fermés, à tour unique et carrée, surmontée d'un toit en pyramide. À l'extrémité supérieure de la combe, sous un petit bois d'aulnes, enfoui lui-même et protégé par les bras noueux de la Forêt géante, miroitait le bassin d'une fontaine, d'où filtrait avec murmure discret un ruisseau courant vers le manoir. La fillette y fit boire sa bête, et s'agenouillant au bord, dans l'herbe folle, but quelques gorgées d'eau dans le creux de sa main. En se levant, elle fit le signe de la croix avec les dernières gouttes et dit : *Homman hè feuteun ar hazellou,* ce qui signifie : Ceci est la fontaine des fées. Puis toujours ombrageuse et fugace, elle rentra sous le bois.

Je m'assis sous les aulnes, au bord de la source, et je bus, moi aussi, de cette eau délicieusement fraîche, en demandant aux divinités du lieu de me révéler quelque chose sur l'âme du grand Myrdhin. Dans ce personnage à double face, suspect à l'Église et cher au peuple, infernal pour les uns et divin pour les autres, m'était apparu toujours l'un des arcanes de l'âme celtique et comme le nœud vivant de sa destinée. Le soleil s'inclinait à droite vers la chevelure emmêlée des chênes, qui, vus à contre-jour, paraissaient de plus en plus noirs et impénétrables. Mais à gauche, une route lumineuse s'ouvrait dans la grande forêt entre des ormes et des érables trois fois centenaires. Le chemin tournant, semé de genêts en fleurs, allait se perdre dans un bouquet de bouleaux légers et transparents comme la robe des fées. Et voici qu'aux rayons du soleil oblique, je crus voir défiler sous bois, sur leurs chevaux bais, fauves et blancs, la troupe brillante des chevaliers d'Arthur, avec leurs cottes et leurs heaumes luisants, leurs écus orange et azur. À côté du noble roi de la Table-Ronde, chevauchait la blanche Genièvre, au profil pur, au fin sourire aux yeux doux et pervers, ayant la science du bien et du mal. Et derrière eux cheminaient par couples, au pas de leurs destriers aguerris, les héros d'aventure et la troupe des beaux amants, Erec et Enide, Yvain et la dame de Brécilien, suivis d'un long cortège. Puis, marchant à l'écart, les bras enlacés, Tristan et Yseult, enivrés de leur philtre immortel. Et Perceval, le templier, fermait la marche. Il chevauchait seul et grave dans sa cotte grise, le chef incliné, rêvant à la coupe d'amour et de sacrifice, au Graal, qui confère la sainte fortitude, qui lave de toutes les taches et guérit de toutes les blessures.

Elle s'évanouit, aérienne comme un songe, dans l'or du couchant, la brusque vision du monde chevaleresque. Le soleil était descendu sous les chênes, et je plongeai mes regards dans la forêt de droite, devenue, sous quelques éclaircies sanglantes, encore plus noire et plus lugubre. Entre les colonnes torses de la vieille forêt, sur le sol d'un gris cendré de feuilles mortes, il me sembla voir les vieux bardes gallois et armoricains, leur hache de bataille à la ceinture, la rote ou la harpe sur l'épaule. Leurs longs cheveux gris s'échappaient de dessous leurs couronnes de bouleau. Je crus distinguer parmi eux la haute taille de Taliésinn et de Lywarch-le-Vieux, Aneurin l'inspiré et Gwenchlan, le lanceur de malédictions. Leurs faces étaient convulsées, leurs yeux dilatés par d'immenses colères et de terribles visions. De leurs bouches frémissantes s'échappaient, en rythmes sauvages, un flux de vers précipités comme des coups d'épée assénés dans une bataille sans fin, ou comme les vagues infatigables qui assaillent le rivage. Finalement, je compris le sens de leurs imprécations. Ils vociféraient : « Malheur aux ingrats, malheur à ceux qui ne savent pas se souvenir ! La troupe brillante qui a défilé devant toi tout à l'heure est notre œuvre. Ces hauts chevaliers, ces belles amoureuses sont nés de nos larmes, de notre sang, de nos combats, de nos luttes séculaires contre l'étranger, Saxon ou Frank. Ces hommes et ces femmes sont de notre race ; ils ont vécu parmi nous et nous les avons chantés jadis. Nous les avons conçus et enfantés, ces fils de nos joies, ces filles de nos douleurs. Mais parce que nous avons été vaincus, vous nous les avez pris pour les travestir et vous nous avez couverts d'oubli. Que nous importe ? L'homme avec toutes ses créations n'est qu'une ombre vaine ; l'esprit qui l'anime seul est vivant et revêt des formes nouvelles selon son verbe et sa vertu. Les bardes oubliés ne sont pas à plaindre. Mais à cause de votre injustice et de votre ingratitude, nous ne vous avons rien légué de notre science et de nos mystères. Vous vivez dans l'oubli de la vérité ; vous ignorez les forces cachées de la nature, vous ne savez rien des trois cercles de l'existence où l'âme transmigre. Vous ne savez même pas ce que vous auriez pu faire de notre harpe. — Nous l'avons brisée! Toi qui cherches le secret de notre frère

Myrdhin, tu n'en sauras rien, — et cependant, il est connu de la divinité de cette fontaine. »

J'écoutais avidement ; les ombres s'effacèrent ; les voix se perdirent dans un chuchotement de feuilles mortes. Je frissonnai ; un vent rida le bassin et je me retournai. Tout était noir à la surface de l'eau et dans le bosquet d'aulnes. Alors, au jour blafard qui trouait les feuillages, j'aperçus de l'autre côté de la source une chose que je n'avais pas vue. Une statue de femme se dressait sur un piédestal, dans l'épaisseur du bois. Un reflet d'eau ou de ciel ébauchait vaguement ses larges flancs, son buste svelte et sa tête inclinée. La nudité du corps émergeait à demi de la nuit sylvestre, mais le visage gardait le masque troublant du crépuscule. N'était-ce pas la fée celtique, l'antique druidesse, la femme initiée par l'instinct aux secrets de la nature, celle qui, domptée et dirigée, peut devenir la voyante salutaire, mais qui, maîtresse aveugle et toute-puissante, devient la magicienne fatale, évoquant les forces d'en bas, enlace l'homme de ses mirages, le terrasse et le noie ? N'était-ce pas la vraie Viviane, d'un charme autrement redoutable que la petite fille coquette et rusée des trouvères ? N'était-ce pas celle pour qui Merlin perdit sa harpe, son génie et jusqu'au souvenir ?

Et, du bas du vallon, une voix s'éleva, celle sans doute de la petite bergère du manoir. Elle disait une chanson bretonne d'un mode sauvage et inquiet dont les strophes expirent sur une plainte alanguie. Impossible de comprendre les mots. Mais, par un de ces sortilèges dont la musique est coutumière, les notes se traduisirent involontairement pour moi en paroles. C'étaient celles d'une chanson populaire de Nantes, sur la magicienne qui enlève son amant à une pauvre payse :

Elle n'est pas aussi jolie, Mais elle est plus savante ; Elle fait la pluie, elle fait le vent, Elle fait fleurir la lande !...

Et comme les strophes montaient, enjôleuses et tristes, un tintement de cloche s'égrena lentement dans l'air. C'était l'angélus d'un village éloigné. Avec quelle pureté céleste ces notes passèrent sur les landes et les bois dans la sérénité du soir ! Comme elles se mariaient, attendrissantes, à la chanson sauvage ! Et subitement, je sentis que le secret de Merlin venait de se révéler à moi. Car, pendant toute sa vie, l'âme du grand devin vibra partagée entre ces deux voix : celle de la terre et celle du ciel, entre ces deux mondes: le paganisme et le christianisme. Alors la forêt, la fontaine et les pierres se mirent à me conter la vraie légende de Merlin que j'ai fidèlement notée.

Au Ve siècle, vivait, dans un couvent de Cambrie, une nonne très pieuse nommée Carmélis. Fille d'un roi sans couronne, elle avait fui la violence du siècle pour se vouer à la contemplation entre les murs tapissés de lierre d'un monastère perdu dans les bois. Son corps était sans tache et son âme d'une séraphique douceur. Mais ce qui étonnait, ce qui effrayait ses sœurs du couvent, c'était la pitié de Carmélis pour les êtres inférieurs, hommes, animaux et plantes, dont elle plaignait l'âme obscure ou écrasée ; c'était son indulgence pour les pécheurs, pour les méchants eux-mêmes, qu'elle trouvait plus malheureux que les autres; c'était sa curiosité attendrie pour ceux qui souffrent en expiant une faute. Éveillée, son cœur compatissant l'invitait à descendre dans l'abîme des douleurs ; endormie, son âme s'envolait souvent aux sphères éthérées.

Dans une de ses extases, elle vit les sept Archanges debout autour du Soleil divin. Elle resta éblouie de leur splendeur, mais son cœur ne battit point. «Ils sont heureux, dit-elle, que puis-je pour ces rois de gloire de l'éternité, et que sont-ils pour moi ? Je voudrais voir l'Ange tombé, le Maudit, celui qui souffre sans espoir ! » Aussitôt elle fut plongée dans l'abîme. L'Ange proscrit lui apparut, voilé d'un nuage sombre, beau comme une comète qui traîne sa lueur sinistre. Au sommet de son front, scintillait une étoile rougeâtre. Le noir serpent de la Mort qui étreint les mondes, les hommes et les créatures, s'enroulait trois fois autour de ses flancs. Ses yeux ténébreux dardaient le désir inassouvi en longs éclairs pourprés. En même temps s'en échappaient, comme de pâles diamants, les larmes d'une douleur éternelle. Ces larmes étaient le souvenir du ciel perdu: et lentement des mondes obscurs, des âmes tristes en naissaient.

— Qui es-tu ? dit Carmélis.

— Je suis celui qui ne s'est point courbé devant l'Éternel. Je suis celui qui veut être et savoir par lui-même; je suis le Révolté et le Maudit. Et pourtant sans moi la terre et les mondes visibles ne seraient pas. Je supporte la colonne de l'espace et du temps. Je suis le roi de l'air et du monde inférieur. Je porte la lumière dans les ténèbres. Tous les bannis du ciel, tous ceux que leur destin force à s'incarner sur terre, errent dans mon royaume. Je suis le tentateur, et les âmes ont besoin de passer par mon crible pour remonter. Les souffrances que je cause sont nécessaires à la vie de l'univers, mais j'en souffre au centuple. L'exil des âmes est temporaire ; le mien est éternel.

— Pauvre archange tombé ! dit Carmélis ; je prendrai une de tes larmes et je la pointerai à tes frères les archanges qui sont les verbes vivants d'Élohim. En voyant cette larme, ils auront pitié de toi.

— Non ; ils ne peuvent rien pour moi. Mais puisque tu aimes celui qui brave la souffrance, veux-tu sauver une âme qui erre pourchassée dans le royaume de l'air, en l'adoptant comme un fils ?

— Oui, je le veux, parce que je t'aime ! dit la dormeuse imprudente dans un cri de sympathie.

— Eh bien, tu me reverras ! dit le prince de l'air en s'effaçant comme un météore.

Une nuit, Carmélis dormait à demi d'un sommeil agité dans sa cellule de nonne. Elle vit entrer un pèlerin courbé sur son bâton, le visage caché par son capuchon. Il semblait épuisé : il demanda asile d'une voix humble et suppliante.

— Eh bien ! couche-toi sur ces dalles, dit Carmélis sans crainte, et repose-toi.

Il s'agenouilla devant elle, comme pour une prière fervente. Mais peu à peu il sembla à Carmélis que cette forme de moine agenouillé perdait ses contours arrêtés. Était-ce un corps solide ou une ombre ? Elle grandit vaporeuse, se redressa lentement, et, rejetant le froc, du vil haillon sortit dans toute sa fierté l'Ange maudit qui porte au front l'étoile de la science et de l'orgueil. Ses ailes crépusculaires étaient dressées et touchaient la voûte ; elles frémissaient. Carmélis frissonna de terreur. À travers ses yeux fermés elle voyait tout ; mais elle restait fascinée, clouée sur sa couche. Immobile, l'Esprit couvait la vierge. De ses yeux ardents, de ses mains étendues, de ses ailes élargies, il l'enveloppait d'un effluve puissant qui la secouait de brusques soubresauts. Elle descendait, descendait avec lui dans l'abîme, et c'était une torture délicieuse. Peu à peu, la cellule s'emplit d'une vapeur épaisse où elle ne distinguait plus que les yeux rouges de l'ange maudit et son étoile enflammée. Tout à coup, elle sentit ses lèvres comme un fer chaud sur sa bouche ; en même temps, un fleuve de feu la pénétrait et le serpent de la mort la mordait au cœur. Sous la commotion violente, elle poussa un cri strident et s'éveilla. Elle était seule sur sa couche brûlante, dans l'air étouffant de sa cellule. L'orage grondait au dehors, et, par la fenêtre, une ombre s'échappa comme un grand oiseau dans la nuit chaotique. Mais la voix solennelle et triste du prince de l'air clama dans la tempête d'automne: «Puisque tu m'as aimé, tu seras la mère de Merlin. De moi il aura la science maudite par l'Église, et il sera un grand prophète.

À partir de ce moment, la vie de Carmélis fut pleine de soucis, de peines et d'épouvantes. Elle sentait qu'elle avait conçu par le baiser de l'Ange maudit. Comme un cercle de feu, ce baiser l'enfermait dans le royaume du prince de l'air. Plus de séraphiques extases, plus de visions célestes, l'angoisse la poussait hors du couvent, dans les bois. Et là, elle entendait mille bruits étranges, mille voix susurrantes et douces. «Mon Dieu! que vais-je devenir?» disait-elle en se laissant tomber dans la grotte où filtrait la source, ou bien sous le chêne des fées. Et, comme un tourbillon de feuilles invisibles, l'enveloppait le chœur des esprits aériens, qui lui chantait des choses ensorcelantes et lui disait: «Sois bénie, vierge pure et bonne, toi qui donnes asile à l'un des nôtres; un grand enchanteur va naître de toi ! » Alors, au milieu de ses terreurs, la joie folle d'être mère envahissait la pauvre nonne. Elle croyait déjà voir ce fils miraculeux dont elle moulait en elle-même le corps charmant et dont l'âme sournoise voltigeait si mystérieusement autour d'elle. N'était-ce pas sa voix qui soupirait dans la cime du bouleau, qui riait gaiement dans le ruisseau ? N'était-ce pas lui qui, invisible et léger comme un sylphe, lui frôlait le cou et le sein, qui cherchait à pénétrer en elle, le petit démon, et chuchotait : « Charmante mère ! n'aie pas peur, si tu veux me bercer, moi qui sais tout, je te dirai des choses merveilleuses ! »

Ne pouvant plus cacher sa grossesse, Carmélis alla tout dire à Gildas, évêque du pays. Or, à cette époque, dans certains districts de la Grande-Bretagne, on appliquait aux nonnes fautives la loi des vestales. Seulement, au lieu de les enterrer vives, on les précipitait du haut d'un rocher, dans un gouffre. Gildas eût épargné la fille d'un roi, mais quand il apprit la manière étrange dont elle avait été séduite, il déclara qu'elle avait succombé à la ruse d'un incube et aux artifices du démon. Il se contenta d'excommunier la vierge polluée par l'esprit malin et de maudire le fruit infernal qu'elle avait conçu. « Va-t'en, dit le moine indigné, va-t'en sur la lande, fiancée du vent, amante maudite du prince de l'air, prostituée de Satan ! Que tout foyer chrétien te soit fermé ! Il n'est plus d'asile pour toi que chez les païens!» Le père de Carmélis était mort, l'Église l'abandonnait, heureusement qu'elle connaissait Taliésinn, grand-maître de la corporation des bardes sous la protection d'un chef gallois. Ces bardes, tout en se disant chrétiens, avaient conservé leurs rites, leurs croyances, les arcanes de leur religion et de leur initiation traditionnelle. Les gens d'Église, qui voyaient en eux des rebelles et des rivaux, les considéraient d'un mauvais œil, les appelaient païens, relaps, hérétiques, et les attaquaient avec une extrême violence. Mais les héritiers des druides étaient encore très puissants, protégés des chefs, vénérés du peuple. Carmélis se réfugia auprès d'eux. Taliesinn accueillit la nonne proscrite avec bonté et promit d'élever l'enfant.

Sur une des côtes du pays de Galles s'ouvrait jadis une grotte aujourd'hui disparue sous un éboulement, appelée la grotte d'Ossian. Comme la grotte de Fingal, dans les Hébrides, elle était formée par des colonnes de basalte serrées les unes contre les autres et se perdait dans les entrailles du mont en salles naturelles. C'est là que les bardes des anciens temps tenaient leurs réunions secrètes. C'est là aussi qu'eut lieu la consécration de leur prophète, de celui qui devait jouer un si grand rôle dans les annales celtiques. Cette consécration était toujours précédée d'une épreuve solennelle.

Au pied de la montagne sacrée, à la sortie de la grotte d'Ossian, s'étendait une lande sauvage que les moines flétrirent plus tard du nom de lande maudite. Elle était semée d'un cercle de pierres druidiques. Au centre de ces pierres, il y en avait une colossale en forme de pyramide. La nature ou la main de l'homme y avait creusé une sorte de niche où l'on montait par un escalier de roches superposées. On appelait ce menhir la pierre de l'épreuve ou la pierre de l'inspiration. C'est là que l'aspirant devait dormir une nuit entière. Au lever du soleil, le chœur des bardes sortant de la montagne sacrée par la grotte d'Ossian venait réveiller le dormeur. Parfois, à leur chant, on le voyait se dresser devant l'astre naissant, et, frémissant d'extase, raconter son rêve divin en un chant rythmique. Alors, il recevait le titre de barde prophète. Il était considéré comme ayant l'Awenniziou, c'est-à-dire qu'un génie divin, son Awenn, son génie à lui, qui, selon la doctrine ancienne, plane sur l'homme, parlait par sa bouche. Mais souvent il arrivait que l'aspirant avait fui avant l'aube, ou que, saisi d'épouvante, il descendait de la roche en proférant des paroles insensées. En ce cas, il était déchu de sa dignité. La tradition populaire du pays de Galles a conservé le souvenir de cette épreuve pendant des siècles dans la légende de la pierre noire du Snowdon. Quiconque, dit-elle, dort une nuit sur la pierre noire de l'inspiration se réveille poète ou fou pour le reste de ses jours.

C'est là qu'un soir le vieux Taliésinn, entouré du collège bardique, conduisit son disciple Merlin et lui dit : « Nous t'avons enseigné ce que nous savons : nous t'avons montré la clé des trois vies, celle de l'abîme, de la terre et du ciel[3]. La science est l'abri et le voile de qui la possède. Tu pouvais vivre tranquille parmi nous ; tu as voulu t'élever au rang suprême ; tu réclames la clé des mystères, l'inspiration du prophète. Les signes te sont favorables; une grande mission t'attend. Mais moi qui t'aime, mon fils, je dois t'avertir. Songe qu'à ce jeu tu risques ta raison et ta vie! Quiconque veut s'élever au cercle supérieur, plus facilement retombe à l'abîme. Tu auras à lutter avec les puissances mauvaises et toute ta vie sera une tempête. Parce que tu seras prophète, hommes et démons s'acharneront sur toi. La plus grande des joies t'attend : le rayon divin ; mais aussi te guettent la folie, la honte, la solitude et la mort!»

À ce moment, on vit s'avancer sur la lande maudite le moine-évêque Gildas, son bâton pastoral à la main. Il jeta un regard de défiance sur l'assemblée des bardes et dit à leur disciple :

— « Merlin ! je te connais. Tu es le fils d'une mère qui a failli, et l'esprit malin est en toi. Malheur à celui qui cherche la vérité sans le secours de l'Église et se dit inspiré sans avoir reçu sa sanction! Tu as bu le poison des hérétiques et tu cours à ta perte. Malgré cela, je veux tenter de te sauver. Suis-moi, entre au couvent, fais pénitence et deviens moine. Ainsi, sous ma direction, tu expieras tes erreurs et celles de ta mère, et je te donnerai le pain du salut. »

Taliésinn répondit tranquillement à Gildas :

— « Comme toi, nous adorons le Dieu unique et vivant. Mais nous croyons qu'il a donné la liberté à l'homme afin qu'il trouve la vérité par lui-même. Tu offres le port connu sans le voyage. Nous offrons un frêle esquif sur l'Océan sans limite et la terre promise au risque du naufrage. Merlin est libre de choisir. S'il préfère le port à la tempête, qu'il te suive avec la bénédiction des bardes. »

Jusque-là, Merlin était resté absorbé en lui-même, le regard fixe et rentré. Il n'avait répondu que par un sourire de dédain à la sommation de l'évêque. Mais aux nobles paroles du maître, une flamme jaillit de l'œil du disciple, qui s'écria, dans un transport d'audace et d'enthousiasme :

— « Je ne recevrai pas la communion de ces moines aux longues robes ! Je ne suis pas de leur église que Jésus-Christ lui-même me donne la communion! Pour la harpe des dieux, pour le rayon céleste, pour la couronne du poète, je veux risquer ma vie ! Que je roule aux abîmes ou que je monte au ciel, je tenterai le sort! J'entends en moi d'étranges harmonies; j'entends gronder l'enfer, j'entends pleurer les hommes et chanter les anges. Quel génie est le mien ? Quelle étoile est mon guide ? Je n'en sais rien, mais j'ai foi au génie, à l'étoile ! Oui, je chercherai mon Dieu dans les trois mondes, je pénétrerai le mystère de l'Au-delà. Pour savoir, pour vibrer, pour jouer sur les cordes des âmes, je mets en gage mon corps, ma vie et ma raison !

— Ah ! tu es bien le fils de Lucifer ! dit Gildas en détournant les yeux avec indignation. Pervers, va ton chemin ; l'Église ne peut plus rien pour toi ! »

Et il s'en alla plein de souci pour son autorité et de colère contre le rebelle.

La nuit avait envahi la lande. Merlin monta sur la pierre de l'épreuve et entendit le chœur des bardes qui s'éloignaient invoquer pour lui les génies solaires, dont les ailes blanches et transparentes se vivifient dans les océans du feu céleste. Leur chant se perdit au cœur de la montagne, sous la grotte tournante, comme le murmure lointain des flots qui se retirent, et la montagne elle-même semblait clamer d'une voix toujours plus profonde : « Dors, enfant des hommes, dors du sommeil des inspirés et réveille-toi fils des dieux ! »

Bientôt la lande fut envahie par les brumes; elles s'étiraient en longues bandes sur la pierre de l'épreuve et finirent par l'envelopper tout à fait. Merlin crut y distinguer des formes grimaçantes et diaboliques, pêle-mêle avec des fées ravissantes. Dormait-il ou veillait-il ? Parfois il sentait sur sa peau le frôlement de corps fluidiques comme des ailes de chauvesouris. Bientôt une tempête furieuse balaya la lande maudite. Merlin se cramponna à la pierre pour n'être pas renversé par l'ouragan. Alors, une forme altière et ténébreuse sortit du sol. Une étoile blême tremblait sur sa tête et sa lueur mourante éclairait à peine un front superbe creusé de rides volontaires. Une main de géant s'appesantit comme un roc sur l'épaule du dormeur et une voix creuse lui dit :

— « Ne me reconnais-tu pas ?

— Non, balbutia Merlin, saisi d'un mélange d'horreur et de sympathie. Que me veux-tu ?

— Je suis ton père, l'Ange de l'abîme, le roi de la terre et le prince de l'air. Je t'offre tout ce que je possède : la science terrestre, l'empire des éléments, le pouvoir sur les hommes par la magie des sens.

— Me donneras-tu aussi la science de l'avenir, la connaissance des âmes et le secret de Dieu ?

— Ce chimérique empire n'est pas le mien ; j'offre la puissance et la volupté dans le temps.

— Alors, tu n'es pas l'esprit que j'ai invoqué sur la montagne. Plus hauts sont mes désirs, je ne te suivrai pas.

— Présomptueux ! tu ne sais pas ce que tu refuses ; un jour tu l'envieras. Mais malgré moi, tu m'appartiens. Par les éléments dont tu es pétri, par tes attaches mortelles, par l'effluve igné de la terre qui court dans tes veines, par les courants magnétiques de l'atmosphère, par le désir qui brûle en toi, tu es mon fils. Quoique tu m'aies renié, je te laisse un souvenir de moi ; un jour, tu en comprendras la force et la magie. »

La main terrible, qui pesait comme une montagne sur l'épaule de Merlin et lui prenait le souffle, se leva. Il sentit une chaîne s'enrouler à son cou et quelque chose de métallique tomber sur sa poitrine. La forme du Démon s'était évanouie avec le poids du cauchemar. La terre tremblait et de ses entrailles montèrent ces mots, scandés par un tonnerre sourd :

— « Tu m'appartiens, mon fils, tu m'appartiens ! »

Alors un sommeil plus profond lui versa une félicité inconnue. Il lui sembla que les ondes du Léthé fluaient à travers son corps et en effaçaient tout souvenir terrestre. Puis, il eut l'impression d'une lumière très éthérée et très douce, comme la vibration d'une étoile lointaine, enfin le sentiment d'une présence surnaturelle et délicieuse, qui ouvrait la source secrète de son cœur et dessillait les yeux de son âme. Assise sur la pointe du rocher, enveloppée de ses longues ailes, une forme humaine d'une beauté angélique et ravissante se penchait vers lui. Elle tenait une harpe d'argent sous son aile de lumière. Son regard était un verbe, son souffle une musique. Regard et verbe disaient à la fois :

— « Je suis celle que tu cherches, ta sœur céleste, ta moitié. Jadis, t'en souviens-tu ? nous fûmes unis dans un monde divin. Tu m'appelais alors ta Radiance[4] ! Quand nous habitions l'Atlantide, les fruits d'or de la sagesse tombaient dans ton sein et nous conversions avec les génies animateurs des mondes. Tu fus séparé de moi pour subir ton épreuve et conquérir ta couronne de maître. Depuis je te pleure, je languis et m'attriste dans les félicités du ciel.

— Si tu m'aimes, murmura Merlin, descends sur la terre !

— Femme de la terre, je perdrais ma mémoire Céleste et mon pouvoir divin. Je tomberais sous l'empire des éléments, sous le sceptre de fer du destin implacable. Mais, sœur immortelle, j'éclaire la partie immortelle de ton âme. Si tu veux m'écouter, je serai ta Force, ta Muse et ton Génie[5] !

— Entendrai-je ta voix au torrent de la vie ?

— Je serai ta voix intérieure ; dans ton sommeil tu me verras... Je t'aimerai...

— Tu m'aimeras ? Divin esprit, un gage de ta présence !

— Vois-tu cette harpe qui fait pleurer les hommes et les anges ? C'est un gage de l'inspiration divine. Par elle tu seras l'enchanteur des hommes, le guide d'un roi et le voyant d'un peuple. Quand tu la toucheras, tu sentiras mon souffle ; par elle je te parlerai. Personne ne saura mon nom ; aucun homme de la terre ne me reconnaîtra ; mais toi tu invoqueras Radiance !

— Radiance ?... » soupira Merlin, à cette voix cristalline, comme à l'écho magique d'une divine ressouvenance.

Il voulut la regarder, la saisir. Mais il ne vit que deux ailes amoureusement déployées sur sa tête. Un baiser sur son front, une lueur dans l'espace... et il se trouva seul.

Quand les bardes royaux sortirent de la grotte d'Ossian, Merlin s'éveillait aux premiers rayons du soleil. Ils virent la harpe d'argent dans ses bras [6] et à son cou une étoile métallique à cinq pointes suspendue à une chaîne de cuivre. À ces deux signes, Taliésinn reconnut dans son disciple le double don de l'inspiration et de la magie. Dans un chant solennel, Merlin se mit à prédire les futures victoires des Bretons et la grandeur d'Arthur. Il reçut l'écharpe bleue, la couronne de bouleau, et fut consacré comme barde-devin dans la grotte d'Ossian.

Après avoir reçu la dignité suprême de ses maîtres, Merlin se rendit à la cour d'Arthur et devint son barde attitré, rang qui correspondait à celui de conseiller et de ministre. Arthur soutenait une lutte acharnée contre les Saxons, dont l'invasion ressemblait, au dire des chroniqueurs, à une mer montante de flammes courant de la mer d'Occident à la mer d'Orient. Merlin excita le roi par ses prophéties. Il fut l'âme de la guerre dont Arthur fut l'épée. Cette épée merveilleuse, disent les bardes dans leur symbolisme parlant, s'appelait Flamboyante, forgée au feu terrestre par des hommes sans peur. Sa poignée était d'onyx ; sa lame de pur acier brillait comme le diamant. Elle paralysait le bras du lâche et du méchant ; mais lorsqu'un homme fort et bon la saisissait avec foi, elle lui communiquait un courage invincible. Alors elle reluisait vivante, s'irisait dans le combat des sept couleurs de l'arc-en-ciel, jetait des éclairs, effrayait l'ennemi. Cette épée magique se trouvait dans l'île d'Avalon, au milieu de la mer sauvage. Un dragon veillait à l'entrée de l'île ; un aigle tenait l'épée dans ses serres, au sommet d'une montagne. Merlin, disent les bardes, savait les vertus de l'épée, il connaissait l'île, il y conduisit Arthur. Nouvel Orphée, il charma le dragon au son de sa harpe, il endormit l'aigle par son chant, et, pendant l'extase de l'oiseau, lui déroba l'épée Flamboyante. Ainsi le glaive magique fut conquis par la harpe divine[7]. Bientôt après, Arthur remporta sur les Saxons la grande victoire d'Argoëd, où Merlin combattit à ses côtés. À la rentrée triomphale de l'armée dans la forteresse de Kerléon, l'épée et la harpe entrecroisées furent portées par des pages sur un coussin rouge devant le roi et le prophète qui se donnaient la main. Et les bardes ont conté dans leurs mystères que cette nuit même Merlin vit en songe Radiance, l'ange de l'inspiration, qui lui parlait souvent par des voix, mais ne lui apparaissait qu'aux moments solennels de sa vie. Radiance mit un anneau au doigt de Merlin et lui dit :

— « C'est l'anneau de nos fiançailles, qui nous joint pour toujours. Mais garde-toi des femmes de la terre ; elles chercheront à te l'enlever. C'est le signe de l'amour éternel, c'est le gage de notre foi ; ne le donne à personne ! »

Et Merlin, plein d'enthousiasme, jura à sa céleste fiancée le serment d'amour éternel.

Ce fut l'apogée de la gloire d'Arthur et de Merlin. Mais déjà deux démons humains, masqués de grâce et de chevalerie, rôdaient autour d'eux. La femme d'Arthur, la reine Genièvre, cachait sous les apparences d'une grâce exquise et enjouée, une âme vaine, altière, remplie de passions violentes[8]. Lassée du roi son époux, beaucoup plus âgé qu'elle, insensible à sa grande noblesse, elle avait jeté les yeux sur son neveu Mordred, jeune homme ambitieux, rusé et hardi. Mordred, qui avait ménagé au roi l'alliance des Pictes et Scots, jouissait de sa confiance absolue. Les amants s'entendaient secrètement depuis des années, mais, toujours menacés d'être surpris, ils en vinrent à désirer la chute et même la mort du roi. Mordred lui succédant, Genièvre espérait régner avec lui. Pour atteindre ce but, la reine et son amant préparaient sourdement la défection et la révolte. Ils avaient vu d'un mauvais œil la grande victoire d'Arthur qui contrecarrait leurs projets. Merlin en était la cause, il gênait leur complot. Mordred et Genièvre résolurent de perdre le barde.

Un soir donc que le roi fatigué de la chasse dormait d'un sommeil profond, la reine Genièvre et Mordred s'approchèrent de Merlin qui était seul, assis près du foyer à demi éteint de la grande salle de Kerléon :

— « Tu sais, dit Genièvre en souriant, que d'après la loi la reine a le droit de demander chaque jour au barde du roi un chant d'amour pour la distraire. Mais à toi le grand enchanteur, je ne ferai point si futile prière. Plus rare est ma fantaisie. On m'a parlé d'un philtre si puissant que lorsqu'une femme le fait boire à un homme, elle se l'attache d'un lien fatidique. Je désire ce philtre pour une amie; peux-tu me le procurer ? »

Merlin regarda la reine et Mordred de son œil voyant. Il sentit se croiser en lui la flamme haineuse du couple adultère, et dans cette lueur fugitive, il eut le ressentiment du complot ténébreux qui se tramait contre lui et le roi. Il répondit :

— « Reine, je sais que ce philtre existe ; mais ma science l'ignore et mon art ne peut le procurer. »

Mordred prit la parole et dit :

— « O grand enchanteur ! faut-il que je t'apprenne quelque chose? Sache donc qu'en Armorique dans la forêt de Brocéliande, il y a une fontaine. La magie des druides y évoqua jadis les esprits de l'air et de l'abîme. Une fée, une femme y réside aujourd'hui, la plus charmante et la plus redoutable des magiciennes. Pour l'évoquer, il faut le plus puissant désir et la plus grande volonté. Personne ne la dompta jamais. Toi seul tu le pourrais. Elle possède le philtre que cherche la reine et elle t'enseignera des mystères plus profonds que ceux que tu connais.

— La magicienne de Brocéliande ? dit Merlin, pourquoi ce nom me fait-il frissonner ?

— Parce que, dit Mordred, c'est la seule femme capable de lutter avec toi et de répondre à ton désir.

— Merlin ! mon doux Merlin ! dit Genièvre, va trouver la magicienne de Brocéliande et pense à mon désir ! »

Et ils laissèrent le barde plongé dans sa rêverie.

La première pensée de Merlin fut de faire part au roi de ses soupçons sur la fidélité de Mordred. Puis, il songea au danger formidable d'une révélation prématurée et se promit de surveiller lui-même le neveu d'Arthur. Mais un désir plus fort que sa sagesse l'avait mordu au cœur, le désir d'une femme qui serait son égale, l'envie de la dompter... de l'aimer peut-être.

De quelle violence le souffle du couple adultère avait fait surgir de ses propres entrailles une âme qu'il ne connaissait pas, une âme enflammée de désir et couronnée d'orgueil ! Il la découvrait avec épouvante. Si Radiance avait éveillé la partie éthérée de son âme, si elle avait fait vibrer en lui le vague ressouvenir d'une existence céleste, le nom seul de la magicienne de Brocéliande remuait un tourbillon de mémoires terrestres, de joies terribles, de souffrances infernales. Le fils de Lucifer se retrouvait ! Vainement il se rappela les conseils du Taliésinn, les avertissements de Radiance la tant aimée. La mystérieuse inconnue se dressait devant lui, inquiétante rivale, inéluctable tentation! Obsédé par cette pensée, Merlin ne dormait plus. Il se disait : « En connaissant le fond de la femme, je connaîtrais le fond de la nature. Avant cela, puis-je me dire un maître?» Il demanda un congé au roi sous prétexte d'aller voir Taliésinn et s'embarqua pour l'Armorique, qu'on appelait alors « la terre étrangère et déserte ».

Et voilà Merlin debout dans la sombre forêt des druides, devant la fontaine des évocations, que les uns appellent la fontaine de Jouvence, les autres la fontaine de Perdition. Car, beaux ou horribles, selon l'évocateur, tous les mirages peuvent en sortir. Merlin jette une pierre dans la source ;

des cercles rident son miroir ; l'eau bouillonne ; un tonnerre souterrain roule. Puis, un sourd bruissement dans la forêt, et se déchaîne une tempête si épouvantable qu'elle renverse les arbres et fracasse les maîtresses branches des chênes. Impassible au plus fort de la tourmente, Merlin étend le bras sur la source, avec le signe de Lucifer dans sa main.

« Par ce signe, dit-il, au nom des puissances de la terre, de l'eau, de l'air et du feu, du fond des âges passés et des entrailles de la terre, j'évoque la Femme redoutable !... À moi la Magicienne !... »

Après plusieurs appels, la tempête se calma ; une vapeur se condensa sur la source bouillonnante; et dans cette vapeur Merlin vit s'élever une tour en ruine, ouverte, creuse et tout habillée de lierre. Une femme merveilleuse dormait dans cette niche de verdure, sous un toit d'aubépine et de chèvrefeuille, légèrement vêtue d'une robe verte où frissonnaient des gouttes de rosée. Elle dormait la tête appuyée sur son coude blanc comme neige. Torrent d'or fauve, sa chevelure s'enroulait à son cou, à son bras. Corps et chevelure respiraient la grâce enlaçante des forêts, la langueur fluide des rivières sinueuses. Merlin, ravi, n'osait pas s'approcher. Il tira quelques accords légers de sa harpe. Elle ouvrit les yeux.

Leur azur humide avait le sourire et la mélancolie des sources abandonnées qui reflètent la couleur du temps. Elle éleva vers l'enchanteur sa baguette de coudrier et dit :

— C'est toi, Merlin ? Je t'attendais, ami.

— Qui es-tu ? dit Merlin, en tressaillant.

— Comment, dit la fée, ne me connais-tu pas ? Jadis, je fus druidesse et reine des hommes ; je commandais aux éléments. Hélas ! les moines gris et les prêtres noirs m'ont reléguée au sein de la terre. Tu me rends mon empire en m'éveillant au son de ta harpe. Je suis la fée gauloise, je suis ta Viviane !

— Viviane ? s'écria Merlin, j'ignorais ce nom, mais sa musique m'est familière et douce autant que toi.

— Ah ! continua-t-elle, ta harpe m'a rendu la vie ; mais aussi, j'en ferai vibrer toutes les cordes à nouveau !...

Viviane pria Merlin de lui chanter les merveilles des trois mondes. Tandis que s'élevait le chant rythmé du barde, la fée écoutait attentive. Ses gestes, ses regards, ses attitudes incarnaient les pensées du chanteur, exprimaient ses extases. Il contemplait en elle ses rêves vivants. Parvenu au comble de l'enthousiasme, il s'arrêta et la vit à genoux devant lui dans une pose d'adoration.

Elle se releva, et lui mit une main sur l'épaule, Merlin ne vit pas que sa harpe avait glissé dans l'autre main de Viviane. Il ne voyait plus qu'elle. Un instant après, il se trouva assis dans la tour, sur un lit de jonquilles. Toujours plus enjouée, plus caressante, Viviane s'était assise sur les genoux du barde, et, des deux bras, enlaçait sa conquête.

— Je t'aime ! dit Merlin enivré.

— M'aimeras-tu assez pour me confier un grand secret ?

— Tous ceux que tu voudras.

— Il existe un charme, une formule magique par laquelle on peut endormir un homme et créer autour de lui un mur invisible pour les autres, mais infranchissable pour lui, et le séparer à jamais des vivants. Me diras-tu ce charme ? »

Merlin sourit finement. Il avait pénétré l'arrière-pensée d'amoureuse traîtrise dans le désir de Viviane. Mais, sans hésiter, il glissa la formule magique dans la jolie oreille de la fée. Puis il ajouta :

— Ne t'y trompe pas, ma Viviane. Ce charme puissant agit sur tous les hommes, excepté sur moi.

— Eh ! dit Viviane, peux-tu croire que j'oserais m'en servir jamais ?

— Tu l'essaierais en vain contre moi, dit gravement Merlin. J'en suis préservé par cet anneau. Ce puissant talisman me vient de mon génie inspirateur... de Radiance, de ma céleste fiancée ! C'est l'anneau d'une foi plus forte que toutes les magies ! »

Une fauve lueur sillonna les yeux de Viviane, un nuage assombrit son front. Elle baissa la tête et devint pensive.

— Qu'as-tu ? dit Merlin.

— Oh ! rien, mon ami, dit la fée.

Cependant elle semblait plongée dans un monde de pensées qui se perdait dans un abîme insondable. Mais, reprenant tout à coup son enjouement, elle renversa sa tête charmante sur l'épaule de l'enchanteur, avec une langueur triste cent fois plus dangereuse que son sourire. Merlin sentait son corps plier entre ses bras. Il parcourait de ses doigts de musicien la chevelure souple, soyeuse, électrique de la fée comme les cordes d'un instrument nouveau. Il en tordit une natte autour de sa main, et s'écria saisi d'un frisson inconnu :

— O Viviane ! tu es ma harpe vivante ! je n'en veux plus d'autre !

— Et Viviane vibrait sous son étreinte ; la forêt enchantée frémissait sur leurs têtes; l'univers s'emplissait d'un océan de musique grandissante, pendant que dans leurs yeux s'ouvrait un ciel intense et sans fond...

Elle balbutia :

— Le baiser de nos fiançailles !... Et les yeux dans les yeux, ils restèrent en suspens, au bord d'un gouffre, n'osant s'y jeter...

Soudain, Merlin leva la tête et tressaillit. Un vol de corbeaux passa, suivi d'une clameur formidable, comme la fanfare confuse d'une bataille lointaine.

— Arthur ! Arthur !

Ce cri dominait tous les autres. Haletant, furieux, désespéré, il déchirait les airs comme l'agonie de tout un peuple qui ne veut pas mourir. Enfin, il expira en un long gémissement et les échos de la forêt répétèrent :

— Arthur ! Arthur !

Palpitante d'angoisse, Viviane se serra plus fort contre Merlin. Mais il la repoussa d'un geste subit, et se dressa tout droit, les bras levés, aspirant l'air. Et sur le mortel silence des bois, une voix aérienne murmura très haut dans l'espace :

— Merlin ! qu'as-tu fait de ta harpe ? Merlin ! qu'as-tu fait de ton roi?

Et Merlin frissonnant, éperdu, s'écria :

— À moi, Radiance ! À moi, ma harpe !

Puis il jeta les yeux autour de lui, et resta stupéfait. Viviane, la tour, le bosquet, tout avait disparu. Il était seul au bord de la fontaine, et sa harpe n'était plus là. Du fond de l'eau monta un sanglot voluptueux :

— Adieu, Merlin, adieu !... Adieu !...

Affolé, il se pencha sur la source. Dans le miroir sombre, il ne rencontra que son visage défait et son œil hagard. Alors Merlin, plein d'épouvante prit sa tête avec ses deux mains, et, s'arrachant les cheveux, il s'enfuit à travers la forêt sauvage.

Les historiens bretons racontent qu'à cette époque Mordred, le neveu d'Arthur, s'enfuit en Écosse avec la reine Genièvre, entraînant dans sa révolte les Pictes et les Scots. Arthur eut le dessous dans une première bataille. Dans la seconde, il fut rejoint par Merlin; mais la déroute fut plus complète encore. Le roi périt dans le combat ; son corps disparut sous un monceau de morts; personne ne le retrouva, pas plus que sa fameuse épée. Les légendaires ont transporté l'un et l'autre dans l'île d'Avalon. Quant à Merlin, accablé du désastre, assailli de remords et de fantômes furieux, il devint fou. On l'accusa de la défaite : Gildas le maudit publiquement en l'appelant fils du diable et pervers. Le peuple qui avait divinisé le prophète triomphant jeta des pierres au prophète battu. Et l'on vit ce spectacle effrayant : l'élu des bardes, l'inspirateur d'Arthur, le prophète de l'épée victorieuse errant à travers champs comme un insensé, redemandant sa harpe aux forêts, invoquant tour à tour Lucifer et Dieu, Viviane et Radiance, mais abandonné de son génie et de ses voix divines. C'est alors qu'il rencontra sa vieille mère, la pauvre Carmélis, qui vivait inconnue dans une retraite profonde. Elle seule n'avait pas cessé de croire en lui, elle seule essaya de le consoler en lui disant : « Mon fils chéri, expie ta faute, souffre ton martyre en silence, mais espère toujours. Il te reste, l'anneau de Radiance. Ne le perds pas; c'est ta dernière force. Par elle tu peux reconquérir ta science, ta harpe et ton génie ! » Mais un sombre désir, une destinée fatale ramenait Merlin vers Viviane. Il savait que Viviane était la cause de son malheur ; cent fois il l'avait maudite. Mais une sorte de rage tordait son cœur, à la pensée qu'il n'avait pas même possédé la charmante et redoutable magicienne qui l'avait perdu. La revoir ! — il le fallait, ne fût-ce que pour la punir et la terrasser !

Ici reprend la légende armoricaine.

Revenu dans la forêt de Brocéliande, Merlin retrouva Viviane sous son bosquet d'aubépine. À demi couchée, elle tenait ses deux bras appuyés sur la harpe de l'enchanteur. Sa chevelure pendait sur les cordes. Les yeux à terre, Viviane rêvait dans un affaissement profond. Il l'accabla de reproches, l'accusa de lui avoir volé son inspiration, sa science, son âme et sa vie. Viviane immobile et comme brisée ne répondait rien.

— « Rends-moi ma harpe au moins ! Je n'ai plus qu'elle et toi !

— Je la gardais pour te la rendre, dit-elle sans lever les yeux, d'une voix frémissante, à peine perceptible. Mais moi, tu m'as repoussée ; je ne l'oublierai jamais. Il faut nous dire adieu. »

Merlin, passant subitement de la colère à l'angoisse, se mit à supplier, éperdu d'amour. Elle resta longtemps impassible et absorbée.

— « Une seule chose, dit-elle enfin, pourrait me faire oublier le coup que tu m'as porté au cœur... une marque suprême de ta confiance... l'anneau que tu portes au doigt.

— L'anneau de Radiance ?

— Oui, reprit-elle passionnément, c'est lui que je désire! l'anneau des fiançailles qui me donnerait l'immortalité et me délivrerait de l'éternel tourment des morts et des renaissances !

— Tu m'arracheras plutôt l'âme du corps que cet anneau du doigt, dit Merlin.

— Ah ! tu n'aimes pas assez ta Viviane pour lui donner part à ton immortalité ? Alors pourquoi m'arracher à mon sommeil? Pourquoi me remplir de ton désir? Est-ce pour me rejeter aux démons? Ah! maintenant c'est au gouffre de l'angoisse éternelle que je vais replonger ! »

Et Viviane, se roulant sur sa couche, parut se dissoudre dans une tempête de larmes et de sanglots.

Merlin regardait la femme en pleurs, plus tentatrice dans sa douleur échevelée que dans son sourire enveloppeur. Il la regardait, et restait immobile, partagé entre deux univers, suspendu entre la vie et la mort. Car ces bras qui se tordaient, ces yeux noyés, cette voix suppliante l'appelaient éperdument. « Ne sois pas cruel, disaient-ils, ne sois pas insensé! Ne repousse pas la coupe de vie. Bois le baiser de Viviane ! C'est la science et le bonheur, la royauté suprême ! Bois le baiser de Viviane ! Et tu redeviendras le puissant enchanteur ! »

Mais la voix intérieure et profonde disait: «Ne quitte pas l'anneau de l'éternel amour! C'est la conscience, la foi, l'espérance divine ! Ne brise pas la chaîne céleste ! »

Si forte devint cette voix que Merlin dit tout haut :

— « Fée, trompeuse, éternel mirage, femme d'en bas, c'est bien assez de m'avoir pris mon roi, mon peuple, ma gloire terrestre et toute ma vie. Tu veux encore me voler mon âme avec tes larmes ! Tu ne l'auras pas! Radiance m'appelle! Je m'en vais finir ma vie dans quelque solitude avec ma harpe. Au fond de moi-même, je re-trouverai mon ciel, et dans un autre monde mon génie ! »

À ces mots, Viviane se redressa avec un soubre-saut de druidesse en furie :

— « Ce sera donc le néant que je trouverai avec un autre, avec Mordred, dit-elle. Il m'aima jadis ; c'est moi qui l'ai repoussé. J'ai le pouvoir de l'arracher à la reine ; il viendra... et ce baiser d'oubli, ce baiser foudroyant que tu cherchais en moi, c'est lui qui l'aura, et moi j'y trouverai la mort ! »

Cette menace jetée avec une passion extrême troubla Merlin. Il se représenta la belle fée s'abandonnant aux bras de Mordred, et il en res-sentit la torture d'une jalousie aiguë. Les yeux de Viviane dardaient un feu si sombre, sa voix frémissait d'un désespoir si violent, son corps exhalait une énergie si terrible, que les sens de Merlin en furent bouleversés. La compassion, se mêlant aux flammes de la jalousie, vint amollir toutes les fibres de son cœur et fondre en pitié sa volonté d'airain.

— « Je ne veux pas cela ! » s'écria Merlin en saisissant la main de Viviane.

Elle répondait avec une fureur croissante :

— «Trop tard! trop tard! À moi, Mordred!»

Alors Merlin, oubliant tout, glissa l'anneau de Radiance au doigt de la fée...

Aussitôt un grand calme se fit en elle. Une vie nouvelle entra dans ses veines. Elle se redressa lentement, passa ses mains dans ses cheveux dénoués et sourit. En même temps, il parut à Merlin que le meilleur de sa vie s'échappait hors de lui pour aller à Viviane, et que sa mémoire, s'enfuyait par les brèches ouvertes de son être. Sûre maintenant de sa puissance, la magicienne prit l'enchanteur dans ses bras, regarda au fond de ses yeux et murmura l'incantation du grand oubli que lui-même lui avait enseignée. Il voulut résister au charme terrible dont le fluide l'envahissait, mais il n'avait plus ni force, ni volonté... Une fois encore l'image de Radiance glissa devant son regard brisé... puis s'effaça comme une lueur dans un nuage. Alors se sentant défaillir, il s'abandonna. Viviane radieuse, superbe, assouvie tenait sa proie. Trois fois son baiser triomphant tomba sur les yeux, tomba sur la bouche de l'enchanteur... Aussitôt un voile épais roula sur les yeux aveuglés du prophète ; une mer d'oubli envahit son cerveau, noya ses membres, — et le ciel disparut avec ses étoiles et ses génies !...

Ce jour-là même, le vieux Taliésinn, assis avec ses disciples au bord de la mer, près de la grotte d'Ossian, au pays de Galles, regardait les vagues innombrables venir à lui, innombrables comme ses souvenirs, et se briser sur la plage retentissante. Ses mains étaient croisées sur ses genoux et son âme fatiguée se roulait sur elle-même. Tout à coup, il dit :

— « Je vois, je vois Merlin, le prophète des Bretons, endormi par une femme. Il s'enfonce, il s'enfonce avec elle dans l'abîme terrestre. Voilée d'un nuage livide, sa harpe sanglante descend avec lui. Dans le ciel, je vois planer un ange en pleurs. Il dit : "Ô malheureux Merlin ! dans quel abîme irai-je te chercher ?" Et Taliésinn continua comme en rêve : « Hélas ! où est maintenant la harpe du prophète ? J'ai vu tomber les rameaux et les fleurs. La sagesse s'en va le temps des bardes va finir. »

Il est fini depuis longtemps; mais toujours elles regrettent Merlin, les chansons, les légendes. Il dort, disent-elles, dans la forêt de Brocéliande, envoûté sous une haie impénétrable, la tête couchée sur les genoux de Viviane, l'Enchanteur enchanté, — et personne n'a réveillé l'Orphée celtique de son sommeil éternel.

V
La légende de Taliésinn ; Synthèse et mission du génie celtique

La légende de Merlin l'enchanteur ressemble à un miroir magique où le génie celtique aurait invoqué l'image de son âme et de sa destinée.

Arthur, le héros poussé par le barde inspiré, incarne la longue, l'héroïque lutte des Celtes contre l'étranger. Cette race, dit Michelet, résista deux cents ans par les armes et mille ans par l'espérance. Vaincue, elle impose son idéal à ses vainqueurs. Arthur devint pour tout le moyen âge le type du parfait chevalier. Revanche à laquelle les Bretons n'avaient pas pensé, mais non moins glorieuse et féconde. — Quant à Merlin, il personnifie le génie poétique et prophétique de la race ; et s'il est resté incompris du moyen âge aussi bien que des temps modernes, c'est d'abord parce que la portée du prophète dépasse de beaucoup celle du héros, c'est ensuite parce que la légende de Merlin et le bardisme tout entier confinent à un ordre de faits psychiques où l'esprit moderne ne commence à pénétrer qu'aujourd'hui. Sous la résistance obstinée, fanatique, farouche, des chefs kymriques et gallois du VIe siècle, comme Owenn et Urien, et de leurs bardes, comme Aneurinn, Taliésinn et Lywarchle-Vieux, il y avait plus que le sentiment national et qu'une haine de race. Il y avait, avec les défauts des Celtes, leur manque de sens politique et pratique, le sentiment d'une certaine supériorité morale et intellectuelle. Oui, sous l'indomptable espérance, il y avait une indestructible vérité. Elle pouvait se tromper sur les moyens, mais non sur le but. Il y avait la conscience intuitive, occulte, mais sûre, de l'Âme celtique, se sachant obscurément dépositaire d'un legs sacré, d'une mission religieuse et sociale.

Les anciens druides furent possesseurs d'une doctrine secrète, dont la largeur et l'élévation peuvent se comparer à celle de Pythagore. Comme les prêtres védiques, ils révéraient tous le symbole du feu, le Dieu unique, et l'âme, immortelle voyageuse du ciel à la terre et de la terre au ciel. Leur doctrine des trois mondes, avec la loi d'hiérarchie qui régit les âmes, avait l'avantage de réconcilier la matière et l'esprit dans le verbe vivant de la nature et de l'homme. Cette philosophie intuitive n'excluait pas les autres religions, mais les synthétisait. De là le respect singulier de quelques philosophes grecs et latins pour les druides. Décimés et persécutés par Rome, les druides léguèrent une partie de leurs traditions aux bardes. Lorsque le christianisme se présenta à ceux-ci avec la largeur humaine et la charité compréhensive de saint Patrice et de ses disciples immédiats, ils comprirent et adoptèrent d'enthousiasme le verbe du Christ. Bientôt cependant les bardes se montrèrent rebelles à l'église romaine, non seulement parce qu'elle leur était prêchée par des moines latins, franks et anglo-saxons mais encore parce qu'elle portait en elle un principe d'étroitesse religieuse et de domination politique qui le révoltait. Tout, dans la nature celtique, s'insurgeait primitivement contre la férule cléricale : sa tendresse pour la nature vivante condamnée comme perverse par l'Église, sa passion pour la liberté, son besoin de comprendre par la raison, enfin son mysticisme même, j'entends cette intuition directe des choses de l'âme qui demande une révélation personnelle et n'accepte pas la foi d'autorité. Héritiers des druides, les bardes se sentaient les représentants d'une religion plus large et plus libre que celle des moines. Merlin resta pour eux l'incarnation de leur propre esprit à la fois amoureux de nature et de merveilleux. D'une part, il aspire par les fibres éthérées de son âme à sa sœur invisible, à son mystérieux génie, à sa muse qui lui parle d'un monde supérieur et divin. De l'autre, une puissance magnétique l'attire vers la dangereuse magicienne, vers la belle fée Viviane. Il est travaillé par le désir de l'âme celtique, la nostalgie de la nature et de la femme, dans la prison du dogme et du couvent. Posséder Radiance et Viviane, ne sera-ce pas aussi le désir de l'âme moderne ballottée entre le ciel et la terre ? Mais quand le don prophétique meurt chez les bardes, quand s'éteint la flamme sacrée de leur poésie, alors le génie celtique oublie ses visions divines comme Merlin oublie Radiance sur les genoux de Viviane. Il se laisse aller sur le sein de la grande enchanteresse, la nature, et s'endort du sommeil profond de l'inconscience.

Dort-il pour toujours ? Faut-il dire de lui ce que M. Renan a dit de la race entière : « Hélas ! elle est aussi condamnée à disparaître, cette émeraude des mers du couchant ! Arthur ne reviendra pas de son île enchantée et saint Patrice avait raison de dire à Ossian: "Les héros que tu pleures sont morts; peuvent-ils renaître ?" »

Est-ce bien vrai? L'heureux Prospéro a-t-il le droit de se consoler si facilement de la mort d'Ariel ? Radiance ne redescendra-t-elle jamais sur le barde endormi du fond de l'insondable azur et l'ange de l'inspiration a-t-il replié pour toujours ses ailes sur le silence de la harpe d'argent ? Toutes les résurrections partent du grand mystère de l'âme, de sa puissance d'aimer, de croire et d'agir. Elles échappent aux prévisions de la science positive. Si la race celtique a perdu sa nationalité distincte, l'Âme celtique ne continue-t-elle pas à vivre dans la nation française ? Et si cette âme est vraiment, comme je le crois, sa conscience profonde et son génie supérieur, ne se pourrait-il qu'elle surprît l'avenir par des renaissances subites, par quelque splendide résurrection, comme elle a surpris le passé dans le cours de l'histoire ?

À ces questions qu'évoque la légende de Merlin, qu'il me soit permis de répondre par la légende de Taliésinn, qui malgré sa date plus récente sort des plus vieilles traditions druidiques, et renferme, pour qui sait la comprendre, le vrai testament de l'Âme celtique, la synthèse de son génie, le mot de sa mission; et cela dans le sens non plus national, mais universel. Après le saint, le barde ; après le barde, le mage. Saint Patrice, Merlin l'enchanteur et Taliésinn, ce tryptique nous aura fait voir le génie celtique dans ses puissances intimes et sous ses plus grands aspects. Le dernier résume et accomplit les deux autres.

La légende de Taliésinn est comme une seconde incarnation du personnage historique, qui, par sa science et sa sagesse, laissa dans la tradition galloise une trace profonde et lumineuse[9]. De même que la légende de Merlin revit avec sa couleur sombre et passionnée au cœur de la forêt de Brocéliande, de même celle de Taliésinn ressuscite avec sa lumière sereine et voilée, dans le nord du pays de Galles, sur ces sommets sauvages de porphyre et de basalte d'où le regard plonge en d'étroites vallées, en des lacs d'azur dormant et s'égare vers la mer lointaine. Je me trouvais, il y a quelques années, près du paisible lac de Llynberis. Sa surface était immobile et d'un bleu foncé. Le jeu des rayons et des ombres irisait de teintes opalines les rochers d'en face. Dans une, gorge voisine, les pierres détachées du roc par des carriers perdus dans la montagne roulaient de minute en minute dans les profondeurs avec un grand fracas et semblaient tomber d'une cité de dieux en train de s'édifier là-haut sous le marteau d'esprits invisibles. Vêtu de sa robe violette, le Snowdon tantôt montrait sa tête grise, tantôt disparaissait sous un capuchon de nuages. Le mont sacré des bardes, auréolé d'un arc-en-ciel, ressemblait lui-même à un barde géant, assis et pétrifié dans son rêve profond sous la tempête des siècles. J'étais au berceau et dans le cadre de la légende de Taliésinn. Plus nettement m'apparurent ses épisodes successifs. Je rappellerai surtout la première et la dernière scène, celle de l'enfant trouvé, et puis la transfiguration du barde-roi. Cette étrange histoire traduit les plus intimes aspirations et les plus profondes intuitions de l'Âme celtique.

Dans les temps anciens, le roi Gwyddno régnait à Gwynned, non loin de la baie d'Aberistwith, au pays de Galles. Il avait un fils nommé Elfinn, chétif d'apparence, timide et renfermé de caractère. Ne sachant qu'en faire, son père lui donna une pêcherie à exploiter comme à un simple fermier. Quand Elfinn s'y rendit pour la première fois, il vit flotter contre l'écluse un objet qui lui sembla une outre. En s'approchant, il aperçut que l'outre était un panier d'osier recouvert de peau. Il pria l'éclusier d'en ôter le couvercle. Et voici, dans le panier dormait un bel enfant. De quelle rive venu ? Qui donc l'avait ainsi exposé sur les flots ? Personne ne l'a jamais su. Ainsi l'âme s'endort sur le vaste océan du sommeil et de la mort pour s'en aller d'un monde à l'autre et s'éveiller on ne sait où. L'enfant ouvrait les yeux et tendit ses petits bras vers son sauveur. Une lumière presque surnaturelle émanait de son regard profond et de son superbe front blanc.

— Oh ! Tal-Iésinn ! s'écria l'éclusier, ce qui veut dire en celtique : Quel front rayonnant !

— Qu'il s'appelle donc Taliésinn, Front de Lumière ! répondit Elfinn.

— Ce fils de roi restera toujours malheureux, dit l'éclusier. La malchance plane sur lui. Là où d'autres auraient péché deux cents saumons, il n'a péché qu'un enfant trouvé !

Cependant Elfinn prit l'enfant dans ses bras, monta à cheval et le mit au pas pour ne pas secouer son cher fardeau. Jamais il n'avait éprouvé un pareil bonheur, jamais il n'avait aimé un être humain comme cet enfant dont le regard pénétrant le sondait et semblait lire dans toutes ses pensées. Ce regard disait: «Mon Elfinn, ne sois plus triste. Personne ne te connaît, mais moi je te connais depuis longtemps et je te consolerai. Des mers et des montagnes et des rivières profondes, Dieu apporte la santé aux hommes fortunés. Quoique je sois petit, je suis hautement doté. Sois béni pour ton bon cœur ; le bonheur te viendra par moi. Car je t'apporte dans mes yeux les merveilles d'un monde lointain ! »

Elfinn confia l'enfant à amis les bardes pour qu'il devînt barde à son tour. À peine sut-il parler, que Taliésinn étonna ses maîtres par son intelligence. Il paraissait savoir tout ce qu'on lui enseignait et bien plus encore. Rien dans la science de la nature et dans la science des événements humains ne l'étonnait parce qu'il avait en lui la conscience innée des choses éternelles. Ce qui change toujours ne s'explique que par ce qui ne change jamais. À quinze ans, la sagesse druidique et chrétienne coulait de ses lèvres. À vingt ans, Taliésinn était devenu le maître de ses instructeurs ; il lisait dans le passé et prédisait l'avenir.

Un soir le prince héritier et son barde étaient assis ensemble sur une montagne. Les vagues invisibles qui se brisaient à leurs pieds faisaient dans le vent une faible musique entrecoupée de soupirs. Elfinn, plus triste que d'habitude, dit à Taliésinn après un long silence :

— « Pourquoi suis-je seul et misérable, quoique fils d'un roi puissant ? Pourquoi ne puis-je trouver de joie et de consolation qu'auprès de toi ? »

Taliésinn se leva et montrant du doigt le ciel où tremblaient quelques étoiles :

— «Tu ne sais pas qui je suis, tu ne sais pas d'où je viens ; mais je viens de très loin ; un jour, tu le sauras.

— Alors, pourquoi es-tu venu ?

— Mon doux maître, je suis venu sur la terre pour t'enseigner la consolation.

— Comment me l'enseigneras-tu ? — Je te ferai trouver ta propre âme. — Comment la trouverai-je ?

— Par l'amour, ô Elfinn ! Je sais ce qui a été et ce qui doit advenir. Par la mer je suis venu ; par la montagne je m'en irai. »

Et les yeux du barde adolescent brillaient d'un tel éclat, dans le crépuscule, qu'Elfinn l'écoutait plein d'admiration.

À quelque temps de là, Elfinn aima et épousa Fahelmona, fille du roi de Gwalior. Le cœur de la jeune femme était capricieux et changeant comme la mer. Elfinn adorait sa femme, mais comme il était gauche, qu'il manquait d'éloquence et de beauté, le cœur de Fahelmona restait indifférent à ce grand amour. Cependant Taliésinn connaissait l'âme de son maître ; il devinait celle de la jeune femme. Il excitait celle-là à l'espérance, celle-ci à la tendresse par le son de sa harpe et le charme de sa voix. Il lui disait :

— « Oh ! Fahelmona, tu te crois savante parce que ton esprit est prompt, mais tu ne sais rien toute-puissante parce que tu es belle, mais tu ne possèdes qu'un faible pouvoir. Depuis qu'il t'a vue, l'âme d'Elfinn s'en est allée en tourbillonnant, et ce fils de roi paraît un pauvre esclave. Pour toute sa tristesse est plus puissante que ta joie, et il y a en lui une force qui te vaincra. Car l'Amour seul est Roi ! »

Fahelmona répondit d'un ton railleur et enjoué :

— « Pour me vaincre, au moins devrait-il être aussi éloquent que son barde !

— Il le sera ! » répliqua Taliésinn.

Bientôt après, Elfinn se trouvait loin de sa femme, à la cour de Maëlgoun, où son père l'avait envoyé. Le roi Maëlgoun était orgueilleux, tyrannique et hautain. Un jour, devant toute la cour, il se mit à vanter la reine, son épouse, affirmant qu'il n'y avait point au monde de femme qui eût autant de beauté, de grâce et de vertu. Elfinn se leva et dit : « Un roi ne devrait lutter qu'avec un roi, mais j'affirme que pour ces trois choses ma femme Fahelmona est au moins l'égale de la reine. Vous pouvez en faire l'épreuve. » Irrité de ce défi audacieux, Maëlgoun fit jeter Elfinn en prison et ordonna à son fils Matholvik de se rendre auprès de Fahelmona pour tenter de la séduire.

Quand le fils de Maëlgoun vint la trouver, Fahelmona, exaspérée par sa longue solitude, se rongeait d'ennui et de mauvaises pensées. Elle reçut avec de grands signes de joie le prétendu messager de son époux et le fit asseoir à côté d'elle. Cependant, quand Matholvik, dans un discours tortueux, tissé de mensonges et de flatteries, conte qu'Elfinn était devenu infidèle à sa femme et qu'il la répudiait pour épouser la propre sœur de Matholvik, Fabelmona devint pâle de colère et s'écria toute frémissante :

— « Je savais qu'il était faible et lâche ! Pourquoi l'ai-je épousé ? »

À ce moment, la harpe, que Taliésinn avait suspendue dans la chambre pour veiller sur la femme de son maître, poussa un long gémissement. Une corde haute se rompit ; et dans le cri de la corde, la femme d'Elfinn entendit deux fois son propre nom: Fahelmona ! comme si son bien-aimé l'appelait d'un cri de détresse. Elle en eut une telle douleur et un tel effroi qu'elle perdit connaissance Matholvik profita de son évanouissement pour couper une longue boucle de ses cheveux bruns et s'enfuit.

Quand Fahelmona reprit ses sens, Taliesinn était devant elle :

— « Pourquoi, dit le jeune barde, as-tu cru ce menteur? Pourquoi as-tu trahi l'âme royale d'El-finn mon maître ? Personne n'est plus doux, plus grand, plus fort que lui. Tu n'as pas connu son cœur, parce qu'il est silencieux et ne sait qu'aimer. Elfinn, en ce moment, est en prison pour toi ; Elfinn va périr pour ton honneur !

— Prouve-moi donc qu'il ne m'a pas répudiée comme un lâche ! dit Fahelmona affolée et partagée entre deux sentiments contraires.

— Viens avec moi, dit Taliésinn, et tu verras ; le temps presse. »

Ils montèrent sur deux chevaux et partirent au galop.

Le château du roi Maëlgoun était situé, comme au fond d'un précipice, dans une vallée étroite, environnée de montagnes hautes et sauvages. Au moment où Taliésinn et la princesse entraient dans la salle, le roi siégeait sur son trône entouré de ses bardes et de ses chevaliers. Justement, on amenait Elfinn chargé de chaînes, et Matholvik lui montrait la boucle de cheveux de Fahelmona en accusant celle-ci d'infidélité.

— « Par Dieu, tu mens ! dit Elfinn, tu l'as volée par traîtrise. Je sais que l'âme de Fahelmona est aussi pure que la lumière du ciel ! Qu'on m'ôte ces chaînes, qu'on me rende mon épée, et je te le prouverai par les armes ! »

En parlant ainsi, Elfinn était devenu beau comme le jour ; ses yeux luisaient comme des torches. Il parut à Fahelmona qu'elle le voyait pour la première fois. Son cœur battait à tout rompre. Elle voulut s'élancer du coin obscur où ils se tenaient cachés. Taliésinn la retint. Elfinn tua Matholvik dans le combat. Hors de lui, le roi Moëlgoun cria à ses hommes de saisir le vainqueur et de lui trancher la tête.

Alors, Taliésinn s'avança :

— « Tu ne tueras pas mon maître. Ton fils est mort justement pour avoir calomnié cette femme. La boucle a été dérobée à son sommeil. Cette femme est fidèle et sans tache ; j'en suis témoin. »

Fahelmona se jeta aux pieds d'Elfinn en s'écriant :

— « Je ne te connaissais pas ! Mais Taliésinn m'a montré qui tu étais; il a réveillé mon âme par la douleur ! Il m'a menée ici, et je t'ai vu dans toute ta beauté. Maintenant que le roi tranche ma tête; car j'avais douté de toi ! De mon sang rouge mon âme sortira blanche comme une colombe. Car maintenant je t'aime !

— Alors gloire à Taliésinn, dit Elfinn, il m'avait promis qu'un jour tu m'aimerais ! »

Maëlgoun voulut faire saisir le couple triomphant ; mais une trombe furieuse s'engouffra dans la salle ; on crut que le château allait crouler, et tout le monde resta cloué sur place.

— Parce que tu n'as cru qu'à la force et au mensonge, dit Taliésinn, rien ne survivra de ton château et de ta race, — que ma harpe!»

Et il jeta sa harpe au milieu de la salle. Ils restèrent tous atterrés. Car la tempête augmentait et mugissait comme une cataracte.

Et Taliésinn sortit, suivi du couple fortuné, qui, dans l'éblouissement d'un revoir plus merveilleux qu'une première rencontre, n'avait rien entendu de la tempête. Cependant, comme ils gravissaient la montagne, le vent et la pluie cessèrent; la pleine lune, sortant derrière deux cimes pointues, vint planer au zénith et versa sur les amants sa silencieuse incantation. Ils montaient, attirés par sa lumière, dans la magie d'une nuit de printemps et se regardaient comme transfigurés. Leurs yeux s'étaient agrandis; leurs âmes, devenues transparentes sur leurs visages, se pénétraient et s'enivraient l'une de l'autre.

— « Sens-tu, disait-il, sens-tu, ô Fahelmona ! les parfums de la lande ! Ce sont les effluves de ton amour qui m'enveloppent !

— Regarde ! disait-elle, ô Elfinn ! regarde l'astre d'argent qui m'attire à lui ; c'est ton regard qui boit mon âme!»

Chaque parole était une caresse, chaque regard une pensée, chaque baiser une longue musique. Ils montaient comme s'ils avaient des ailes; ils montaient comme portés par le vent. Mais ils ne pouvaient atteindre Taliésinn au front radieux, qui marchait en avant et dont la taille paraissait grandir à mesure qu'il montait.

Quand ils furent parvenus à mi-côte, ils lui crièrent :

— Arrête, Taliésinn, nous ne pouvons, te suivre ; arrête, barde merveilleux, qui nous as fait renaître, et reçois l'encens du bonheur qui est ton œuvre ! »

Taliésinn se retourna. Sa haute figure sortait à distance d'une mer de fougères éclairées par la lune. Les deux amants restèrent stupéfaits, car, à la place du jeune barde gallois, ils virent un homme majestueux, en longue robe de lin, la tête protégée d'une coiffe blanche qui retombait sur ses épaules, le front ceint d'un serpent d'or comme un prêtre d'Égypte, et tenant à la main le sceptre d'Hermès, le caducée.

Il dit simplement: «Suivez-moi!» et continua sa route.

Un peu plus loin, les deux époux hors d'haleine crièrent de nouveau: «Taliésinn! où veux-tu nous conduire?» Le guide mystérieux, debout sur un rocher, se retourna. Il avait pris l'aspect d'un prophète hébreu; deux légers rayons sortaient de son front. Il leva la main et dit: «Suivez-moi! jusqu'au sommet. »

Quand ils furent sur la cime, le barde prophète leur apparut sous les traits d'un druide centenaire. Son front chauve était couronné de lierre et de verveine, ses rares touffes de cheveux flottaient au vent ; il était plus vieux que les vieux chênes.

Saisis de respect et de crainte, Elfinn et Fahelmona tombèrent à genoux devant lui et dirent :

— « Oh ! maître notre guide, qui donc es-tu, esprit mystérieux, et que veux-tu de nous ? »

Taliésinn leur répondit :

— « Vous ne pouviez savoir mes noms anciens, ni mon origine. Mais vous m'avez aimé, vous m'avez suivi, ce qui est la vraie connaissance. Maintenant, avant de vous quitter, je vous dirai qui je suis. Je suis un messager de la sagesse divine qui se cache sous de nombreux voiles dans le tumulte des nations. D'âge en âge, nous renaissons et nous redisons l'antique vérité avec un verbe nouveau. Rarement on nous devine, plus rarement on nous honore, mais nous faisons notre œuvre. Toutes les sciences du monde sont rassemblées dans la sagesse dont nous portons les rayons. Je sais par la méditation que je suis né plus d'une fois. J'ai été du temps d'Énoch et d'Élie, j'ai été du temps du Christ, et j'ai reçu mes ailes du génie de la croix splendide. La dernière fois que j'ai part, sur la terre, je fus le dernier des druides, le barde-roi, le grand Taliésinn. Cette fois-ci, je n'ai fait qu'y passer pour vous donner mes enseignements et vous révéler l'un à l'autre, ô Elfinn et Fahelmona !

— Alors qui donc es-tu, toi qui d'âge en âge changes de verbe et de figure ?

— Je suis un mage.

— Qu'est-ce qu'un mage ?

— Celui qui possède le savoir, le vouloir et le pouvoir. Par ces trois forces réunies, il commande aux éléments ; il fait plus encore, il maîtrise les âmes. Mais beaucoup se sont donnés pour mages et se donneront pour tels qui ne le sont pas.

— À quel signe les vrais mages se reconnaissent-ils ?

— Le vrai mage n'est ni celui qui change le plomb en or, qui appelle l'orage ou qui évoque les esprits. Car toutes ces choses peuvent se tramer par feintise et mirage ; et l'enfer les imite. Le vrai mage est celui qui a le don de voir les âmes cachées dans les corps et de les faire éclore. Les faire éclore, c'est les recréer ; les recréer, c'est les rendre à elles-mêmes, à leur essence primitive, à leur génie divin, comme disaient nos aïeux les druides. Le vrai mage est celui qui sait aimer les âmes pour elles-mêmes et rassembler celles qui sont destinées l'une à l'autre par une chaîne de diamant, par cet amour qui est plus fort que la mort ! C'est ce que j'ai fait pour vous. Et maintenant adieu !

— Tu veux nous quitter ?

— Il le faut. Par la mer je suis venu; par la montagne je m'en irai. Ma patrie est où sont les étoiles d'été. Mais je vous laisse un souvenir... Regardez derrière vous ! »

Elfinn et Fahelmona regardèrent dans l'abîme vaporeux et eurent un nouvel étonnement plus grand que tous les autres. La vallée d'où ils sortaient était comblée tout entière par les eaux. À la place du château de Maëlgoun, baignant la montagne à mi-côte, s'étendait un lac profond et immobile. À sa surface, comme une aile tombée des épaules d'un ange, nageait une harpe d'argent. Les cordes rayaient l'eau noire de fils lumineux ; et dans le ciel, une étoile brillante comme un aimant de lumière semblait attirer la harpe par ses fulgurations magiques.

— « Vois-tu ? C'est la harpe de Taliésinn ! » s'écrièrent les deux amants penchés sur le gouffre.

Une voix dit derrière eux :

— Elle est à vous ! Sauvez-la ! »

Ils se retournèrent, cherchant le maître. Mais Taliésinn avait disparu. La cime était déserte, et les amants restèrent seuls sous le ciel étoilé.

Avec sa conscience profonde et son verbe universel la grande figure de Taliésinn plane au-dessus des temps, dans une région inaccessible et regarde l'avenir autant que le passé. Son œil embrasse dans une vision magnifique la synthèse harmonieuse de la science antique et de la spiritualité chrétienne par le génie de l'intuition et de l'amour. En lui se manifeste la réserve ésotérique des Kymris, vis-à-vis des races sœurs ou parentes. Car les Kymris ont gardé les purs arcanes, la quintessence de la poésie et de la religion des Celtes. Plus mystique que rationnel, plus enthousiaste qu'habile, plus intuitif qu'artiste, plus musicien que peintre, plus poète que philosophe, le génie celtique est un grand voyant de l'âme et de ses mystères. C'est un prophète et non un conquérant ; et voilà pourquoi il a eu la destinée tragique de tous les prophètes, qui est d'être honnis et persécutés par ceux auxquels il dit la vérité, qu'ils en profitent ou non. Opprimé par la dureté latine, accablé par l'énergie saxonne, méprisé par la solidité franque, raillé par la légèreté gauloise, le génie celtique n'en reparaît pas moins de siècle en siècle, doux et indomptable, visionnaire sublime et déguenillé, toujours ressuscitant de ses retraites inconnues, toujours affirmant sa soif d'infini et d'au-delà, sa foi en d'idéal sanctionné par un monde divin, portant ce témoignage dans ses plus noires tristesses, dans ses plus sombres défaites comme dans ses désespérances les plus amères. Voilà sa malédiction et sa gloire.

Selon une vieille coutume celtique, consignée dans le code d'Hoël, il y avait trois choses sacrées qu'on ne pouvait saisir chez un homme libre : le Livre, la Harpe et l'Épée. — Or, que représente le *Livre* dans la symbolique des bardes et des initiés antiques ? C'est la tradition profane et sacrée avec tous ses mystères, c'est la science intégrale. — Qu'est-ce que la *Harpe* ? C'est le verbe vivant de l'âme, la parole sous toutes ses formes qui traduit les mystères du Livre ; c'est la Musique et la Poésie, c'est l'Art divin. Et qu'est-ce que l'*Épée*? Peu importe qu'elle se nomme Vercingétorix, Arthur ou Jeanne d'Arc ; trouvée par le héros, consacrée par le chevalier ou transfigurée par la vierge héroïne et voyante, c'est toujours la volonté active, le courage viril et la force de la justice, qui mettent en œuvre les vérités du Livre et les inspirations de la Harpe. — Mais pour les diriger et les féconder tous trois, ne faut-il pas l'*Étoile* de la foi, ou la connaissance des choses de l'Âme et des principes de l'Esprit ? C'est la foi de l'âme, c'est la science supérieure, c'est la divine espérance qui manque à notre génération et que ses guides intellectuels ont négligé de lui enseigner, faute d'y croire eux-mêmes. Les prophètes de la matière et les grands prêtres du néant ne nous ont pas manqué. Nous aurions besoin des Taliésinn, qui réveillent l'âme en ses énergies profondes, qui l'épanouissent dans toute sa fleur, non des sceptiques ou des négateurs qui l'endorment, la dissolvent et la tuent. Car, quand l'Étoile de la Connaissance s'allume dans le ciel de l'humanité, alors seulement la Harpe merveilleuse de l'Art divin émerge du lac magique de la vie. Que celle-là pâlisse, et la Harpe s'engloutit — avec le Livre — et avec l'Épée !

FIN

[1] *Soniou Breiz-Izel, chansons populaires de la Basse-Bretagne,* recueillies et traduites par M. Luzel. Ce beau recueil est précédé d'une introduction de M. Le Braz, qui, poète lui-même et grand folkloriste, a su donner un tableau vivant et complet de la poésie populaire dans la Bretagne celtique d'aujourd'hui.

[2] Bollandii, *Confessio S. Patricii* (*Acta sanctorum*, XVII). M. de La Villemarqué rapporte les faits essentiels de la vie de saint Patrice d'après les Bollandistes et Colgan, dans sa *Légende celtique.*

[3] Voir *Le Mystère des Bardes,* par Adolphe Pictet.

[4] Merlin eut près de lui une source de consolation plus puissante que l'amitié de Taliésinn. Était-ce un être réel, une femme, une sœur du barde, comme l'a prétendu le vulgaire, ou un être idéal ? Elle lui donne les noms les plus tendres, elle l'appelle son sage Devin, son Bien-aimé, son Jumeau de gloire, le Barde dont les chants donnent la renommée, la clé avec laquelle la victoire ouvre les portes de toutes les citadelles. – *Myrdhin ou Merlin l'Enchanteur, son histoire, ses œuvres, son influence,* par M. de La Villemarqué, p. 63.

[5] « Trois choses seront rendues à l'homme dans le cercle de Gwynfyd (du bonheur), le génie primitif, l'amour primitif et la mémoire primitive ; car sans cela il ne saurait y avoir de félicité.» (32e triade du *Mystère des Bardes,* publié par Adolphe Pictet.)

[6] Pour les Celtes, le don poétique et musical est une inspiration divine. Cette foi revêt chez eux un caractère plus positif et plus absolu que chez toutes les autres races. De là la croyance populaire qui donne une origine miraculeuse et attache une force magique à certains instruments de musique. La cornemuse du clan Chattan, que Walter Scott mentionne comme étant tombée des nuages pendant une bataille de 1396, fut empruntée par un clan vaincu qui espérait en recevoir l'inspiration et le courage et qui ne l'a rendue que quatre siècles après, en 1822. La harpe des bardes était moitié grande comme la nôtre et pouvait se tenir aisément.

[7] Taliésinn appelle le glaive d'Arthur «la grande épée du grand enchanteur ». (*Myvyrian*, t. Ier, p. 72.)

[8] Son nom breton est Gwenniwar. « Elle était, dit Taliésinn, altière dans son enfance et plus altière encore dans son âge mûr. »

[9] Lady Charlotte Guest a recueilli cette légende dans ses *Mabinogion* ou contes populaires, d'après de vieux manuscrits. – Pour le personnage historique de Taliésinn, voir *Les Bardes bretons* de M. de La Villemarqué.

www.ingramcontent.com/pod-product-compliance
Lightning Source LLC
Chambersburg PA
CBHW070810240726
48654CB00007B/292